MY
JOB
나의 직업

어쩌면 당신의 시선

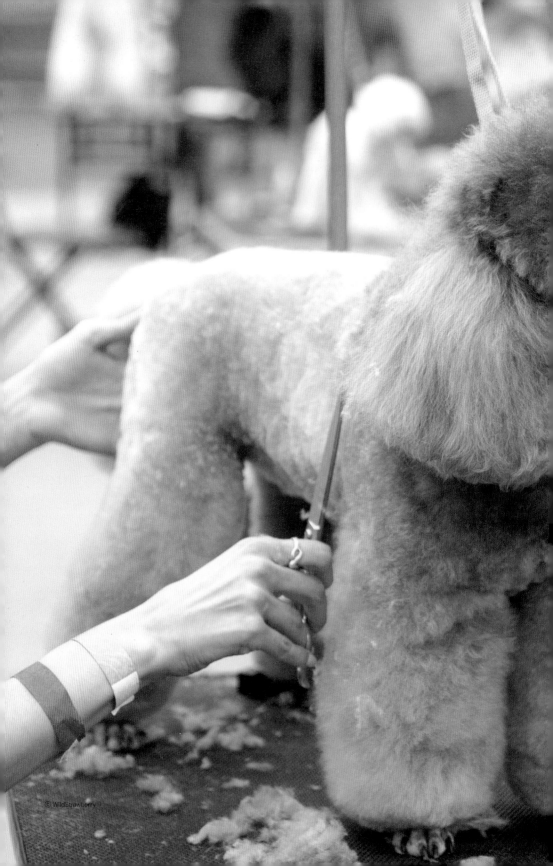
© WildStrawberry

CONTENTS

Part One

History

Part Two

Who & What

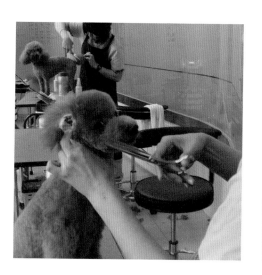

Part Three

Get a Job

Part Four

Reference

Part One

History

01

"주인과 반려견은 참견하지 않으면서 공감해주는
환자와 심리치료가 간의 관계와 유사하다."
- 아론 캐처(정신의학자)

반려동물과 인간

최근 한 설문조사 기관의 조사에 따르면 우리나라에서
반려동물을 기르는 가정의 비율은 27.7%에 이른다고 한다.
(2010년 약 17.4%) 이제는 그들 가정에서 길러지는 개와 고양이의
수가 약 700만 마리를 넘어선다는 보도는 우리가 동물과 함께
살아가는 사회에 살고 있음을 받아들이게 한다. 늘어난
반려동물의 수만큼 이들을 산업 구조 속으로 끌고 들어온 팻
비즈니스 시장도 매년 15%이상 확장하며 연간 시장규모가
4조원에 육박할 만큼 나날이 그 규모가 확장되고 있다.

이와 같은 반려동물 열풍, 또 동물 애호가의 증가는 여러 가지
요인과 연관이 있다. 십 수 년 전만 해도 동물을 육식을 섭취하기
위한 수단이나, 도둑을 비롯한 해로운 요소들을 퇴치하는 요소로

받아들이던 사회적 정서가 외로움을 달래고 우정을 나눌 수 있는 친교적인 성향으로 돌아선 요인이 가장 크다고 할 수 있다. 이러한 친교적 태도는 대가족 중심에서 더 이상 결혼으로 가족 구성원을 늘리지 않고 혼자 살아가는 이른바 1인 가구가 증가하는 것 또한 연관이 있다. 사람들은 동물을 자신들의 반려이자 가족 구성원으로 받아들이고 가족으로부터 얻던 위안과 격려를 동물로부터 얻거나 함께 나누고 있기 때문이다.

동물과 함께 사는 사람들이 늘어나면서 자연스럽게 이들 사이의 유대 관계나 동물로부터 얻는 긍정적인 효과들에 대한 이야기도 활발히 거론되고 있다. 인류의 관계에 놓여 있지 않은 동물에게도 가족이라는 칭호를 붙여 정서적 교감을 나누는 이들은 동물을 단순히 우리집에 사는 '내 소유의 어떤 것'이

아니라, 함께 살아가는 동반자라고 생각한다고 한다. 시장조사전문기관 엠브레인의 트렌드모니터 서비스에 따르면 동물을 기르고 있는 전국 만 19세 이상 성인남녀 1000명은 반려동물 양육 후 다음과 같은 긍정적인 효과를 누렸다고 대답했다.

우선 가장 많은 수(66.5%, 중복응답)의 사람들이 '또 하나의 가족이 생긴 것 같다'고 대답했다. 혈연으로 이어진 혈족관계가 아닌 대상, 사람이 아닌 서로 다른 영역의 존재를 전통적 사회 구성원의 기본이 되는 가족의 구성원으로 받아들일 수 있을 만큼 동물로부터 많은 교감과 정서적 위안을 얻었기 때문으로 추측된다.

또 함께 사는 동물 덕분에 '웃을 일이 많아지고(47.5%)', '가족분위기가 활기차졌다'는 응답(40.1%)도 순서대로 많은 응답을 이뤘다.

'외로움을 달래준다'는 응답도 34.4%에 달했다.

 이들에게 반려동물을 기르는 가장 큰 이유를 묻자 '동물을 좋아한다(69.2%, 중복응답)', '가족 구성원이 원하기 때문(47.6%)'이라는 답변이 순서대로 많은 비율을 차지했고 '또 하나의 가족을 갖고 싶다(38.9%)'와 '자녀 정서함양 목적(26.9%)'도 반려동물을 키우는 이유로 손꼽혔다. 이와 함께 '외로움을 달래기 위해서(20.7%)'라고 응답한 사람도 많았다.

 사회 속에서 사람들은 다른 사람들과 경쟁관계에 놓여 쉴 새 없이 노력을 해야 하고 성공을 요구 받는 스트레스 속에 있지만 반려동물과 함께 있는 곳에서는 위로와 안정, 애착을 느끼게 된다.

 이러한 애착 유대 관계에 대해 동물학 박사 제임스 서펠은 "개와 고양이는 애착과 숭배의 표현을 통해 주인에게 어떤 결함과 실패가 있더라도 그를 사랑하고 존중한다는 사실을 느끼게 한다."고 설명하기도 했다.

 실제로도 반려동물 중 가장 친근감이 있다는 개의 경우 "카밍 시그널"이라는 신호를 통해 사람과 소통하려는 노력을 한다. 카밍 시그널이란 말 그대로 자신이나 상대방을 차분하게 만들어주는 신호인데 눈 피하기, 코 핥기, 기지개 펴기, 눈 깜빡이기 등의 행동이 여기에 속한다.

 개들은 자신들의 카밍 시그널을 활용해 사람들에게 이러한 신호를 보내며 사람의 감정을 차분하게 만들고 자신과 유대감을 쌓아갈 수 있는 환경적 요건을 만들어 간다. 이러한 카밍 시그널을 통해 사람은 사회에서 받는 스트레스를 해소시키며 고립감이나 소외감 등 현대인의 고질적인 정서적 문제들에서 잠시나마 해방될 수 있으며 지속적으로는 동물과 교감을 나누며 유대 관계를 형성하게 되는 것이다.

반려동물의 탄생과 인간의 정서

사실 사람과 더불어 사는 동물을 '반려동물'로 부르기 시작한
역사는 그리 오래 되지 않았다. 동물을 인간 중심적으로 생각하며
소유물로 바라보던 사고방식에서 동물이 인간에게 주는 혜택에
더 많은 의미를 부여하고, 인간과 함께 살아가는 존재라는 인식을
담아 '반려동물'이라고 개칭한 것은 최근의 일이다.

1983년 오스트리아의 한 심포지움에서 개와 고양이, 새 등의
애완동물의 가치를 재인식해 반려동물로 부르도록 하자는
제안이 있었고 그 이후 이 말이 사용되기 시작 했다. 이러한
인식의 개선에는 승마용 말도 포함하자는 제안도 함께 였다.

과학문명이 발달하고 경제가 성장하면서 물질문명에 대한
가치는 중요해졌을지 몰라도 인간은 생명을 경시하고,
자기중심적인 사고를 하는 행동을 서슴지 않았다. 물론 이것은
지금도 크게 달라지지 않은 사실이다.

그렇지만 동물은 변화하는 사회 속에서도 천성을 그대로
유지하면서 사회의 해악이 되기보다는 자연과 함께 어울리며
가축이자 반려동물로서 인간에게 정서적 안정까지 선사하는
존재로 자리매김 했다.

이러한 동물에 대한 애정과 그들을 순수한 모습을 보존하고
인간과 함께 어울려 살 수 있는 환경을 보존하는데 앞장서자는
선진적인 의미를 담아 '반려동물'이라는 단어가 탄생할 수 있었고
현재는 보편적으로 사용되고 있다.

그럼 동물이 오늘날처럼 인간과 함께 정서적 교감을 나누기
시작한 것은 언제부터일까. 지구에 인간이 나타난 시기는 약
200~300만 년 전으로 알려져 있다. 인간은 척박한 자연 환경
속에서 적응해나가며 야생동물로부터 자기 자신을 지키거나,
또는 그들을 가축화 시키며 생존을 위협하는 요소를 없애거나
유지하면서 살아남을 수 있었다.

처음 인간과 동물이 가까워진 계기가 생존에 좀 더 큰 의미가
있었다면 시간이 흐르면서부터는 가축과 애완동물의 의미가

크게 다르지 않게 되었다. 최초의 야생동물은 분명 인간의 옷이 되거나 고기를 제공해 식량자원이 되거나 하는 식으로 생존에 필요한 무언가를 공급하는 존재일 뿐이었지만, 좀 더 많은 좀 더 오래 동물과 교류하던 인간은 동물의 선천적인 생태와 순수에 매료되었고 그들을 가축으로 좀 더 개량할 것인지 애완(반려)동물로서 받아들일 것인지 나름의 가치관과 기준에 따라 동물을 분류시켰다. 물론 그것은 법적인 분류였다기보다는 어디까지나 산업과 관련이 있었다.

즉, 목적 없이 사육하던 야생동물들을 목적에 따라 분류하고 우유, 고기, 털을 생산하는 동물은 가축으로 사람을 잘 따르고 정서적 친밀감을 목적으로 하는 동물들은 애완으로 분류해 사육하기 시작했다. 동물들 역시 사람을 따르고 각 동물별로 역할이 주어지면서 가축화와 애완동물 및 반려동물화로 변모했을 것으로 추정된다.

동물의 최초 가축화에 대한 고고학적 증거는 기원전 1만 년 전 이라크의 팔레가와라 고분에서 인간과 개의 관계로 증명되었다. 하지만 로렌스란 학자는 인간과 동물과의 동반적인 삶은 약 5만 년 전이라고 주장하는 등 학자에 따라 견해를 달리하고 있다.

연대별 동물의 가축화에 대한 추측은 개가 약 1만년 전으로 가장 먼저 이루어졌으며, 그 이후 양과 염소는 8,000년 전, 소와 돼지는 7,000년 전이며 쥐, 생쥐와 잉꼬 등은 1,000년 전에 가축화되었다고 한다.

인류사회는 18세기 산업혁명을 계기로 기존의 노동집약적인

가내 수공업에서 동력과 기계를 이용하여 물질을 대량으로
생산하는 산업사회로 변화되었다. 이러한 대량생산 체계는
집중화의 이익법칙, 즉 시너지 효과에 의하여 연계된 산업들이
같은 지역에 모여 유기적인 관계성을 유지함으로써 경제적인
효율성을 높일 수 있기 때문에 한 지역에 모이면서 도시를
형성하거나 도시화를 촉진하였다. 따라서 산업혁명 이후
인류사회는 고도의 산업도시를 형성하였으며 경제적으로도
윤택해졌다.

　도시화는 인류사회에 편리함과 경제적인 이익을 주었으며
동시에 인간사회 구조와 생활패턴에 큰 변화를 주었다. 즉,
농업중심사회를 구성하던 대가족제도는 산업도시에 집중되어
있는 일자리를 찾아 시골의 젊은 노동력이 대도시로 떠나면서
대가족 제도는 붕괴되었으며 도시에서는 핵가족화와 출산율의
저하를 보였다.

　이러한 도시화는 치열한 경쟁사회로서 기존의 인간애는 더욱
희박해졌으며 모든 가치의 척도는 물질적인 경제개념으로만
평가되기 때문에 정서는 점점 메말라가고 있다. 사회를
은퇴하였거나 빠른 사회변화에서 낙오되고 소외된 계층은 날로
증가하는 추세로 소외감을 느끼며, 인간의 존엄성마저 상실되는
위기에 처해있는 실정이다. 또한 눈부신 의료 기술의 발달과
신약개발 및 인간 게놈프로젝트 등으로 질병의 치료차원이
DNA조합 등에 의한 의료기술혁명으로 인간의 수명을
연장함으로써 노령화를 촉진하고 있다.

　　우리나라 인구 구성의 특징을 보면 출산율이 계속 감소하고
있지만 노령화는 급격히 진행되고 있다. 1996년 65세 이상
고령자는 총인구의 6%, 2002년에는 7%, 2010년 11%, 2015년
13%, 2017년 14.2%, 2021년 18.5%로 추정되고 있어(자료:
2020년 현재 인구총조사 / 2021년도 통계) 노령인구의 급증은
자명하며 핵가족화 된 현실에서 자식과 떨어져서 노인부부 또는
혼자 사는 독거노인 세대가 늘 수밖에 없고, 이들은 심한
소외감과 고독감을 느끼기 때문에 대화의 상대로 애완동물을
가족화하고 있다.

　　또한 통계청의 보고에 의하면 40대 이혼율이 높아지고 혼자
사는 나홀로 가구와 여성가구수가 늘어나는 추세로 이러한
가구주들은 대부분 외로움과 적적함을 애완견을 가족개념인
반려동물로 받아들이고 있다.

반려동물 관련 산업화

반려견 관련 국내 시장의 규모는 1995년에는 약 5천억 원에 달했지만, 2010년에는 1조 8천억 원, 2021년에는 3조 8천억원, 2027년에는 6조 원 규모로 성장할 것으로 보이고 있는 발전성이 큰 시장이다. 반려견 시장의 성장세만 보아도 반려동물이 크게 늘어난 것을 알 수 있다.

사실 가족 구성원이 많았던 시절에는 반려동물보다는 집에서 함께 살아가는 가축 정도로 생각했었으며, 그 종류도 개나 고양이로 단순했다. 1990년 1인 가구의 수는 약 백만 명에 달했지만 2010년에는 1인 가구가 4백만 명으로 크게 증가한 것을 보면 우리나라의 가구 수도 많이 변화한 것을 알 수 있는데, 이렇게 가족의 수가 급격하게 줄어들고 주거환경이 달라지면서 반려동물에게 보내는 애정의 손길이 더욱 짙어진 것으로 파악된다.

현재 대한민국 국민 중 천만 명 이상이 반려동물을 키우고 있는 것으로 추정되며 반려동물의 종류도 다양해졌다. 즉 강아지나 고양이에 국한되지 않고 물고기, 새, 말 등 다양한 종류로 확대되고 있다.

반려동물 천만 시대가 오면서 반려동물 관련 상품에 대한 지불 비용도 점차 늘어나고 있다. 통계청에서 조사한 '2014 블루슈머'에는 반려족이 블루슈머로 선정되기도 했다. 반려동물을 위해 지출하는 월평균 비용은 10~20만원 미만이 31.4%로 가장 많았으며 50~100만원 미만인 경우도 2.6%에 달하는 것으로 나타났다.

사실 과거에는 반려동물에게 사람들이 먹다 남긴 음식물을 주는 경우도 적지 않았다. 최근에는 먹다 남긴 음식물을 주는 경우는 드물 정도로 반려동물에 대한 주인들의 사랑과 관심은 무척 크다.

그렇기 때문에 반려동물의 사료와 간식은 반려동물 관련 사업에서 가장 크게 성장한 분야 중 하나라고 볼 수 있다.

블루슈머(Bluesumer =
Blue ocean + consumer)

새로운 산업 시장에 등장한 새로운 소비자를 말하는 것으로 시대의 흐름에 따라 새로 생긴 특정 방식의 대단위 소비자층을 말한다.

    단순히 반려동물을 위한 식품의 고급화만 성장하고 있는 것은
아니다. 미용, 위생 등 반려동물과 함께 보다 품격 있고, 안전한
삶을 누리고 싶어 하는 그들의 주인이 늘어나면서 이에 따른
비용지불도 점차 늘어나고 있는 추세이다.

    반려견에 대한 사랑이 유명한 영국에서는 하루 밤 동안 머무는
데 100만 원이 넘는 초호화 애견호텔도 등장했으며, 가까운 나라
일본에서는 '애완견과 함께 하는 여행' 등의 TV 프로그램이
인기리에 방영되기도 할 정도로 반려동물을 단순히 기르는 것이
아닌 나와 함께 보다 나은 삶을 살아갈 권리가 있는 생명체로
인식하는 실정이다.

    상황이 이렇다 보니 '개 팔자가 상팔자'라는 말도 과장은 아닌
셈이 되어버렸다. 이른바 반려동물 산업의 고급화 시대인 것이다.
애견 미용역시 고급화 전략을 꾀하는 반려동물 산업의
일부분이라고 할 수 있다.

    이에 따라 애견미용사라는 직업의 전문적 특징과 향후 발전
가능성을 가늠해보기 위해 반려견과 관련된 각종 산업과
애견미용에 이르는 정보들을 살펴보기로 한다.

정서 및 신체장애 치료 도우미

오늘날 동물을 단순히 함께 생활하는 반려동물로만 보지 않고 인간의 정서적, 신체적 장애나 스트레스를 해결하는 데 도움을 주는 치료 매개체로 활용하는 사례가 최근 들어 늘어나고 있다.

물론 이와 같은 인식과 방법은 동물실험과는 구별된다. 동물실험은 주로 약물이나 임상치료가 필요한 실험과정에서 동물을 인간의 대용품으로 활용해 위험성과 안전성을 테스트하는 의약실험에서 주로 쓰이는 방법이다.

그러나 정서나 신체적 장애를 치료하는 도우미로서 동물을 활용하는 것은 이와 같은 실험과는 다르다. 동물을 매개로 한 치료요법의 정확한 용어는 '동물매개치료'이며, 보통 '동물매개활동'의 다양한 분야 중 한 가지 프로그램으로 분류된다.

'동물매개활동'이란 사람에게 동기, 교육과 휴양의 기회를 제공하는 활동 전체를 의미한다. 따라서 위의 조건을 충족시켜줄 수 있는 동물들과, 특별한 훈련을 받은 전문가 및 보조원들(자원봉사자 포함)이 인간에게 다양한 편의와 심리적 안정을 제공해줄 수 있다.

'동물매개치료'는 위와 같은 동물매개활동의 일부이지만,
현대에 와서 특히 각광받고 있는 분야인데 특정한 조건을
충족하는 동물이 사람의 치료과정에 참여할 수 있도록 만들어진
프로그램이다.

치료동물로 사용되는 동물과 함께 활동하는 전문가의 잘 짜인
종합적인 활동에 의하여 효과적인 치료효과를 기대할 수 있어
최근 들어 더욱 각광받고 있다.

백의의 천사로 잘 알려진 나이팅게일은 1859년, "애완동물은
환자에게, 특히 만성 질환자에게는 훌륭한 동반자이다."라고 말한
바 있다. 실제로 그녀는 환자들이 동물들을 돌보는 것이 환자의
회복에 도움을 준다고 판단하고 환자들이 동물들을 돌보도록
권장하기도 했다. 환자와 동물 사이의 교감이 치료에 긍정적인
영향을 미친다고 생각했던 것이다.

1976년 북부 이스라엘에서는 동물과 인간의 교감이 무척 이른
시기부터 시작된 것이라는 사실을 증명할 증거들이 발견되었다.

고고학자였던 사이먼 데이비스는 약 12,000년 전 인간의
무덤에서 개와 나란히 묻혀 있는 유해를 발굴하면서 인간과
개와의 애정적인 관계였던 사실을 발견하면서, 동물과 인간의
정서적 유대는 선사시대부터 존재하여 왔음을 주장 한 바 있다.

그렇다면 보다 본격적으로 동물매개치료가 시작된 시점은
언제였을까?

지금까지 가장 오래 된 기록으로는 1792년 영국의 요크
수용소에서 동물을 보조치료로 사용한 기록이 있다. 요크
수용소는 동물을 활용해 치료의 '긍정적 강화 프로그램'을
처음으로 적용, 실시한 곳으로 이 프로그램이 오늘날 치료형태의
모델로 간주되고 있다.

미국에서 보조치료의 한 방법으로서 동물을 공식적으로
최초로 사용한 것은 1942년 무렵의 일이었다. 휴식과 긴장완화가

필요한 회복기 환자들에게 다양한 종류의 동물과 함께 농장에서 일하게 하는 프로그램을 실시하여 환자들에게 경쟁정신을 일깨워 주고 교육적인 경험을 제공해 주었다.

동물이 인간과의 교감을 통해 심리적 안정을 준다는 점에 주목했던 의사들의 영향인지 1960년대에는 미국의 소아과 의사였던 보리스 레빈슨(Boris Levinson)이 전통적인 의료 치료와 함께 동물 치료를 적극 권장하는 내용을 제안하기도 했다. 그는 진료를 받기 위해서 대기실에서 기다리고 있던 어린이들을 개와 함께 놀도록 권유했는데, 놀랍게도 특별한 치료요법이 없이도 어린이들이 저절로 회복되는 사실을 목격했다.

동물이 인간 치료에 적극적인 매개체로서 효과가 있다는 것을 눈으로 목격한 그는 동물 치료 효과에 대한 신념에 보다 확신을 가지고, 여러 영역에서 치료견 매개프로그램을 활발히 실시하며 그 효과를 입증해 나갔다.

이와 같은 레비슨의 반려동물 매개프로그램 활동은 동물 치료가 보급되고 활용되는데 크게 기여하며 그를 동물 치료의 개혁자로 칭송하게 했다.

오늘날의 동물치료는 보다 과학적이고 체계적이다. 최근의 미국의 동물치료요법 적용 기관들은 단순히 인간 치료만을 위해 동물들이 사용되고 버려지는 것을 방지하기 위해 수의사를 고용하고 치료동물의 건강상태, 치아관리, 피부건강, 목욕의 적합성 여부, 기생충이나 전염병의 여부를 정기적으로 검사하고 있다.

이와 같은 프로그램 덕분에 치료동물들은 엄격한 검증 절차를 거쳐 병원에 방문을 할 수 있게 되었고, 미국의 많은 병원들은 체계적이고 과학적인 형태의 동물 치료 요법을 사용할 수 있게 되었다.

그렇다면 국내의 경우엔 어떨까. 국내의 경우엔 아직까지 병원의 자체적인 프로그램이나 독립적 병원으로서 동물치료가

활성화 되어 있진 않다. 국내의 경우엔 대체의학의 한 분야로서
동물치료를 권장하고 있는 편이며, 때문에 시장 역시 이와 같은
경로로 확대될 것으로 기대된다. 다음은 국내에서 동물치료
요법으로서 의미 있는 활동 현황을 연대순으로 나열한 것이다.

- 1994년 : 한국 동물병원협회에서 '동물은 내 친구'라는
  이름으로 봉사활동 실시.
- 1995년 : 삼성에버랜드 HAB센터에서 공주치료감호소
  정신질환자 대상 매개치료.
- 1996년 : 한국승마협회에서 재활 승마 치료프로그램 실시.
- 2000년 : 한국 삽사리보존협회에서 삽사리를 활용하여
  활동실시.
- 2001년 : 삼성승마단에서 발달장애 아동 대상 승마치료
  실시.
- 2005년 : 공주대, 원광대, 서정대, 서울호서대 등에서
  동물매개치료 과목 개설 및 동아리에서 동물매개활동 진행.
- 2006년 : 한국동물매개치료복지협회 설립과 함께
  동물매개치료프로그램 진행.
- 2008년 : 원광대학교 대학원에 동물매개치료 석사과정
  개설.
- 2009년 : '한국동물매개치료연맹' - 국내의 동물매개치료
  관련단체들이 통합하여 창립.

아직까지 뚜렷하게 자리를 잡은 형태라고 말할 수는 없으나
대학과 협회, 또 동물매개치료센터와 특수학교, 양로원, 요양원,
복지시설 등등 동물의 유대감이 효과적인 치료와 정서적인
안정감을 줄 수 있는 다양한 분야에서 동물매개치료 프로그램이
실시되고 있는 것을 확인해볼 수 있다.
  그렇다면 동물매개치료의 효과는 구체적으로 무엇일까.

동물매개치료법은 사람의 신체는 물론 정신 문야에서 지각
능력과 사회성을 향상 시키는 효과를 낳는다. 때문에 집중력과
대화능력, 감정조절 능력을 향상시켜야 하는 환자에게 동물과
교감하는 프로그램을 처방해 환자의 삶의 질은 물론 건강까지
아울러 보살필 수 있다.

　의학적 연구보고에 의하면 동물을 예뻐하는 행위가 혈압을
낮추고 심박수를 낮추며 체온을 낮출 수 있다고 한다. 또한
동물을 키우는 사람이 더 오래 생존하며 심장질환에 대한 위험이
낮아지고 에너지와 정신적 건강이 증진된다는 것이 입증되었다.

　뿐만 아니라 치료동물의 활동은 우울증이 개선되고 근심이
덜어지며 통증 환자의 예와 같이 주의를 분산시킴으로써
약물처방을 줄여줄 수 있다. 동물들은 환자에게 혈압을 감소하고
콜레스테롤 감소, 스트레스 수준 감소, 정신건강 개선과 일에
대한 집중력 증가를 도울 수 있다.

　많은 사람들, 특히 어린이들은 부드럽고 안락한 물체를
좋아한다. 많은 어린이들은 좋아하는 부드러운 이불 그리고 봉제
동물 인형을 가지고 있다. 이런 부드러운 물체에서 느끼는 감정은
동물을 귀여워하면서 쓰다듬고 만질 때 느낌과 유사하다. 동물을
쓰다듬으면서 사람들은 차분해지고 정신적으로 안정감을 얻을
수 있다. 이러한 차분한 안정감은 근육 이완반응을 나타나게
된다. 근육이완은 혈관을 이완하게 되고 이완된 혈관은 혈액이
보다 잘 흘러갈 수 있도록 한다. 혈액 흐름의 저항이
줄어듦으로써 심장의 부담이 줄어들고 결과적으로 혈압이
낮아지게 된다. 사람이 이완되었을 때, 주변 환경에 대한
스트레스를 덜 받게 되고 이러한 현상은 다른 불필요한 일들에
신경 쓰는 것으로 줄여주고 일에 대한 집중력을 향상시키는
효과를 불러일으킨다.

생활보조 도우미

생활 보조 도우미로서 동물의 능력은 유용하다. 동물적 감각이라는 말이 있을 만큼 동물은 인간에 비해 뛰어난 감각을 지니고 있고, 교감을 나누는 대상에게 무한한 신뢰를 주는 등 안정감 있는 생활 도우미로서 역할을 모두 갖추고 있기 때문이다. 이와 같은 특성이 다른 동물들에 비해 뛰어난 동물이 바로 개(강아지)다.

개는 역사적으로 인간과 가장 오래 함께 해 온 동물이며 때문에 인간과의 교감에 있어서도 월등한 능력을 자랑한다. 따라서 신체적 정신적으로 불편한 장애인들의 불편한 부분을 대신해주고 도와주도록 개를 훈련해 사람의 생활 보조 도우미로 활용하고 있다.

일반적인 신체 능력을 지닌 사람의 경우엔 동물들의 보조적 도움이 필요하지 않지만 장애인의 경우엔 사회의 당당한 일원으로서, 또 삶의 질을 보장하는 차원에서 동물들의 보조적인 능력이 무척 유용할 수 있다.

또한 자칫 소외될 수 있는 장애인들에게 인생의 동반자로서의 역할로서 위로가 되어줄 수 있을 뿐만 아니라, 비장애인과의 사이에서 사교적인 역할까지도 보조견이 맡아줄 수 있다.

도우미 견의 종류는 크게 다음과 같이 나누어볼 수 있다.

1. 시각장애인 도우미견

시각장애인의 눈을 대신해 보행 중에 장애물을 피해가도록 하며 위험을 미리 알려 사고를 막아주며, 주인을 가고자 하는 목적지까지 안전하게 안내하는 역할을 담당한다.(최초에는 맹인안내견이라고 불렀으나, 일본식 표현이라는 이유에서 시각장애인 도우미견으로 바꾸어 사용되고 있다.)

〈활동 내용〉

■ 지시에 따라 움직임(좌로, 우로, 똑바로, 천천히 등)
■ 구부러진 모퉁이길 또는 보도나 차도의 경계에서 높이 차이가 있는 곳에서 멈춘다.
■ 장애물을 피한다.
■ 계단이나 문을 찾는다.
■ 위험을 피하게 한다.(달리고 있는 자동차에 가까이 가지 못하게 하거나 전철역 플랫폼에서 철길 쪽으로 가지 못하게 몸으로 막는 등의 저지행동)

2. 청각장애인 도우미견

청각장애인과 함께 생활하면서 여러 가지 소리를 알려주는 역할을 한다. 초인종, 팩스, 자명종, 아기울음소리, 압력밥솥, 물 주전자, 화재 경보 등 위급하거나 반응이 필요한 소리를 듣고 주인에게 알려주고 주인을 소리의 근원지까지 안내한다.

© Africa Studio

〈활동 내용〉

■ 정해진 소리가 들리면 주인에게 알린다.
 (초인종, 자명종, 타이머, 팩스, 주전자 끓는 소리
 등)

■ 누군가가 주인을 부르는 사실을 알려준다.
 (누군가 부를 때, 아기가 울고 있을 때 등)

■ 위험하다고 생각되는 소리나 정보를 알려
 준다.(비상벨, 뒤에서 차가 다가오는 소리, 주변
 소란스러울 때 등)

3. 지체장애인 도우미견
 지체장애인의 휠체어를 끌어주고 신문이나
리모컨 등 원하는 물건을 가져 온다. 전깃불을
켜주기도 하고 출입문을 열고 닫는 등
신체능력이 필요한 여러 가지 심부름을 대신
한다.

〈활동 내용〉

■ 필요한 물건을 가져 온다.
 (떨어진 물건, 지팡이, 전화, 약, 리모컨 등)

■ 문을 여닫고 전등 스위치를 조작한다.

■ 신체를 일으키거나 지탱하는 것을
 도와준다.(침대에서 상체를 일으킬 때, 보행 시
 균형을 맞출 때 등)

■ 옷 갈아입는 것을 도와준다.(주로 상의나
 양말)

■ 휠체어의 이동을 도와준다.(차도와 보도의
 경계에서, 혹은 언덕길에서 밀거나 끌어서
 도와준다.)

■ 긴급한 상황에서 구조 요청을 하며 긴급
 호출 버튼을 누른다.

전문 분야 - 특수목적견

특수목적견은 개만의 특별한 감각 능력을 활용하여 전문적인
역할을 하는 특별한 견공들이다. 고대부터 개는 다양한 역할을
해왔지만 오늘날처럼 특수목적견으로 나누어지게 된 것은 1차
세계대전 이후의 일이라고 한다. 이후 제2차 세계대전부터 여러
나라에서 전문적인 훈련 프로그램을 통해 특수목적견을
양성하면서 그 역할이 더욱 세분화되었다.

특수목적견이 되기 위해서는 기본적으로 사람과의 협력
정도를 따지는 사회성과 다양한 목적에 따른 특수한 자질이 모두
요구된다. 어렸을 때부터 시기에 따라 받는 훈련의 양과 내용이
달라지며, 활용 목적에 따라서도 훈련 기간에 차이가 있다.

특수목적견은 아무래도 반려견보다 사람과의 친화력, 호흡
등이 더욱 중요하기 때문에 후보견들은 어릴 때부터 사회성 훈련
결과에 따라 선발되는 편이다.

특수목적견에게 요구되는 사회성이란 사람에 대하여
공격적이지 않으면서 친화력이 있어 다양한 사람들과도 어울릴
수 있는 것, 또 낯선 환경에도 쉽게 적응하는 능력 등이 포함된다.
이에 따라 많은 개의 종류 중에서도 우선 낯가림을 하지 않고
모든 행동에 자신감과 생기가 넘치는 개가 선정되고 있다. 이렇게
사회성을 인정받은 개들은 왕성한 성취욕, 활동성 등을 고려해
훈련 결과에 따라 특수목적견으로 낙점된다.

특수목적견의 대부분은 냄새를 감지하는 탐지견인 경우가
많아 후각능력은 선발 과정에서도 무척 중요한 요건으로
여겨진다고 한다. 또 분명한 목적이 있는 상태로 훈련되고
관리되기 때문에 신체적으로도 건강하고 움직임이 활발해야
하며 가계도 상에 유전적인 질환도 없어야 좋은 후보견이 될 수
있다. 가령 고관절탈구 등은 대표적인 유전질환으로 중대형견의
20%가 해당된다. 그래서 이러한 유전적 질환 유무를 가린 뒤
특수목적견으로 선발될 수 있다.

그렇다면 특수목적견은 어떠한 과정을 거쳐 오늘날과 같은

형태를 가지게 되었을까. 과거에는 개가 가지고 있는 고유한 능력을 그대로 활용해 인간 생활에 보탬이 되도록 했었다. 크게 분야를 나누자면 가축을 돌보던 목축견(목양견), 조난자를 구조하는 구조견, 사냥견, 전쟁에서 활동한 군견 등으로 활용되었던 것을 볼 수 있다.

목축견이란 양을 돌보는 개로 기원 전 중동지방에서 유래했으며 특수목적견의 시초라고 보는 의견이 대다수라고 한다. 양을 몰고 지켜주지만 물거나 죽이는 일이 없고 다른 동물의 움직임을 읽을 줄 아는 등 자제력이 있으면서도 무척 영리한 개들이 주로 활동했다.

잘 훈련된 목축견 3~4마리 정도만 있다면, 약 800~1,000마리의 양을 돌볼 수 있었다고 한다. 이런 효율성 때문에 목축견의 새끼나 어린 목축견을 농장주가 자발적으로 훈련시키기도 했다.

지형과 기후, 가축에 따라 다양한 목축견들이 있으며 독일의 셰퍼드, 스코틀랜드의 콜리, 벨기에의 마리노아 등이 유명하다. 아직도 목축견들은 전통적으로 이어져오던 원래의 역할을 하고

있지만 일부는 반려견으로 사랑받는 등 여전히 인간들과 함께
어울리면서 정서적 안정은 물론 재능을 선사하고 있다.

조난자를 구조하는 구조견은 발달된 후각으로 산악지대나
재해 지역 등에서 구조를 필요로 하는 사람의 위치를 찾아
신호하도록 훈련 받은 개들이다. 18세기 스위스에서 유래된
구조견은 훈련을 받은 경우는 아니지만 뛰어난 후각능력과
강인한 체력을 기반으로 수색하는 일을 도왔다.

이와 같은 재능이 좀 더 유익한 방향으로 오랜 시간 인간을
위해 쓰여 졌으면 하는 바람을 담아 1900년대 중반 본격적으로
구조견 양성 체계가 갖추어졌다. 국제인명구조견협회(IRO), 미국
긴급사태관리국(FEMA) 등이 대표 단체이다.

구조견으로 유명한 세인트버나드 종의 이름은 개를 키워낸
스위스의 수도원(성버나드)에서 유래하였으며 현재까지도 산악
조난자 수색으로 유명하다.

사냥견은 역사적으로 가장 오랜 시간을 인간과 함께 해온
개들이다. 특수목적견으로서 사냥견이란 냄새로 사냥감을 찾는
개, 시각과 운동 능력을 활용해 사냥감을 추적하는 개, 그리고
직접 사냥을 하는 개로 구분되어 있다.

고대 이집트는 좋은 시각으로 사냥감을 찾는 하운드 계통을
그리스는 냄새로 추적하는 비글과 같은 후각견 계통을 많이
육성했다.

직접 사냥을 하는 개는 멧돼지, 곰 등의 대형종과 격투하거나
주인이 도착할 때까지 도망가지 못하게 저지하는 역할을 주로
담당했다.

우리나라 사냥개는 진돗개, 호랑이를 잡는 풍산개, 그리고 신라
귀족들이 이용했던 꼬리가 짧은 동경이(경주개) 등이 대표적이다.

군인들의 역할을 함께하고 주로 전쟁에서 두각을 나타낸
특수목적견을 군견이라고 부른다. 군마(말), 군용 비둘기와
더불어 군대에서 널리 이용되어 왔으며 경계와 수색, 더 나아가

전투와 살상용으로 이용되어 왔다. 로마군은 전쟁을 위한 원정이나 주둔할 때 마스티프 계열의 군견을 식량용 가축 호위, 야간 경계, 적병 수색, 인명 살상 등에 이용했다. 또 징기스칸의 군대는 서역을 정벌할 때 무려 3만여 마리의 티베탄 마스티프와 같이 출정하여 전투에 활용했다고 전해지기도 한다.

개의 본능과 재능이 군에서도 유용하게 활용될 수 있었던 것이다. 이와 같은 뛰어난 능력의 군견이 조직적으로 훈련받기 시작한 것은 제1차 세계대전 때부터이며, 경비, 연락, 수색, 운반 등의 역할을 수행했다.

특수목적견의 위와 같은 활동은 주로 그들의 본래적 재능이나 특징을 활용해 산업이나 각종 위급 상황, 재난 상황에 국한된 과거형의 모습이었다. 그렇다면 오늘날에는 어떤 분야에서 어떻게 전문적 역할을 담당하고 있을까.

⟨폭발물탐지견⟩

제1차 세계대전 기간(1914~1918년) 중 영국군의 지뢰탐지에서부터 미국의 아프가니스탄 전투에 이르기까지 지속적으로 활약한 특수목적견이다. 1943년 미국에서 비금속성 지뢰를 탐지하기 위한 탐지견 부대가 창설되었고, 이후 많은 국가에서 자체 운용 중이다.

우리나라는 1981년에 육군에서 최초로 폭발물탐지견을 운용하기 시작했으며 현재는 경찰과 관련 부대로 확산되고 있다. 실제로 1983년에 경찰특공대가, 1986년에는 공군에서 폭발물탐지견을 운용하였고, 현재는 육군, 공군 및 경찰청에서 약 250여 마리를 관리하고 있다고 한다.

〈인명구조견〉

　특수목적견의 과학적이고 체계적인 양성은 최근에 들어 보다
본격적인 형태를 갖추게 되었다. 이에 따라 재해, 산악, 설상,
그리고 수중까지 활동의 범위가 확대되었다.

　전 세계적으로는 1993년 국제인명구조견협회(IRO)가 발족되어
우리나라를 포함한 40개국 113개 단체가 가입해 활동하고 있다.

　우리나라는 1995년 삼성생명 구조견센터가 최초로
설립되었으며 1997년에는 국내 최초의 국제 공인 인명구조견을
양성하는 등 빠르게 성장하고 있다. 또 우리나라에서는
2011년부터 소방방재청에서 인명구조견의 국가적 양성을
시작하여 약 20여 마리를 운용하고 있으며, 해외 재난 시
지원활동도 전개하는 등 활동 방식이 보다 전문적이고
체계적으로 변모해나가고 있다.

〈검역탐지견〉

　멕시코에서 최초로 활용된 개들이다. 1970년대 후반 미국 농업부에서 검역 프로그램에 활용하면서 발전한 특수목적견으로 각광받았다.

　1983년까지 '래브라도 리트리버'와 같은 대형견이 활동하였으나 그 이후에는 소형견인 '비글'이 도입되기 시작하며 다양한 견종이 검역탐지견으로 활동하고 있다.

　우리나라에서는 2001년 인천공항의 개장과 더불어 처음으로 운용되었으며 항만 및 국제우편물류센터 등에서 활발한 활약을 하고 있다. 인천공항의 경우 14마리가 활동 중이며(14마리 중 8마리는 복제견), 1일 평균 40여건(9~10월)을 적발하는 등, 약 44.7%의 탐지율을 보일 만큼 놀라운 적중률을 자랑하고 있다고 한다.

이처럼 각종 전문 분야에서 활동하는 특수목적견 중에 왜
우리나라를 대표하는 진돗개는 없을까. 진돗개의 경우 영리하고
용맹해 훈련 종으로서 손색이 없지만 주인에 대한 애착과
충성심이 무척 강해 핸들러(운용자)가 바뀔 경우 임무를 수행하는
일에 어려움을 겪을 수 있기 때문이다.

때문에 진돗개의 경우 특수목적견 보다는 반려견으로서
인간에서 정서적 만족을 주면서 함께 살아가고 있다.

그렇다면 미래에는 어떤 특수목적견이 우리와 함께 살아가게
될까. 현재 개발 중인 특수목적견 훈련프로그램이나 연구 등을
통해 예측해볼 수 있다.

〈환우들을 돌보아 주는 의료탐지견〉

환자의 혈당, 호르몬 수치를 거의 실시간으로 파악하며 음식의
알레르기 성분까지 찾아내는 능력으로 여러 분야에서 활약할 수
있다. 실제로 영국에서는 이미 이와 같은 활약을 펼치는
특수목적견이 존재한다.

2011년 캐스퍼라는 이름의 특수목적견은 혈당변화를 탐지하는
후각으로 당뇨병 환자인 환자를 도와주었고, 주인의
직장생활까지 가능하게 하는 등 일상을 정상화시키는 데 능력을
발휘한 영특한 견공이다.

또 래브라도 리트리버 종인 코코는 코티졸 수준을 냄새로
파악하는 능력이 있어 애디슨병 환우의 든든한 보호자 역할을
수행하고 있다.(코티졸은 소염작용과 면역억제 기능이 있어,
부족해지면 심한 만성피로, 체중감소, 색소 침착을 일으키는 애디슨병에
걸리게 됨)

푸들 종인 '나노'는 땅콩 등 견과류 알레르기의 원인물질을
탐지하는 능력이 뛰어나 알러지 환자의 간호사 역할을 톡톡히
하는 중이다.(견과류 알레르기는 약 2%의 어린이들에게 나타나며,

지속적으로 수치가 증가하는 추세로, 심한 경우 과민성 쇼크를 유발하기 때문에 앞으로 견공들의 이러한 능력을 개발하는 것이 무척 중요하다.)

〈후각을 이용해 암을 발견하는 암 탐지견〉

의학기술이 많이 발전하고 있지만 현재까지도 암은 조기발견이 무척 중요할 만큼 인간에게 있어 위협적인 질병이다. 이런 암은 인체 내에서 종양이 커지는 과정에서 특유의 휘발성 물질을 배출하는데 개에게는 이를 탐지하는 능력이 있음이 밝혀졌다.

이에 따라 전립선암, 방광암, 유방암 등 기존의 진단 기술로 조기 진단이 쉽지 않은 경우를 중심으로 탐지견의 활약이 증가할 전망이다.

현재까지 밝혀진 바에 따르면, 전립선암 환자 33명의 소변을 대상으로 탐지견이 테스트한 결과 약 91%의 적중률을 보이는 수준으로 이는 무척 정확한 수치다. 왜냐하면 기존의 탐지 기술로는 적중률이 33%에 불과하며, 영국에서는 매일 112명의 환자가 발생할 만큼 암 사망률의 두 번째 원인이 바로 조기 진단의 오류에서 비롯되기 때문이다.

또 방광암에 걸리지 않은 젊은 사람들을 대상으로 한 실험에서 현대의학과 비슷한 92%의 정확도를 보여준 연구결과도 있었다. 뿐만 아니라 유방암에 걸린 31명 환자를 대상으로 한 실험에서 날숨을 맡는 것만으로 88%의 환자를 감지 등 단순히 개의 후각이 발달한 것으로 치부되었던 과거의 사실들은 놀라운 의학 기술로 발전하고 있는 것이다.

이에 따라 탐지견의 뛰어난 후각이 암의 조기진단뿐만 아니라 '전자 코'의 개발에도 응용되고 있는 중이라고 한다.

〈명견의 능력을 전수하는 체세포 복제견〉

　생명공학의 체세포 복제기술을 활용해 기존의 우수한 특수목적견을 다시 키워냄으로서 특수목적견의 새로운 가능성을 보여준 분야이다. 체세포 복제는 우수한 특수목적견을 새로 선발하고 훈련시키는데 들어가는 시간과 비용을 획기적으로 절감할 수 있어 앞으로 기대가 큰 분야이기도 하다.

　이론적으로는 우수한 특수목적견을 복제하면 고유의 능력이 복제된 개에 그대로 전달되는 효과를 이용한다는 성과를 기대하며 과학자들은 여전히 몰두하고 있다. 실제로 복제견과 일반훈련견의 성과를 비교한 결과, 훈련합격률이 복제견의 경우 크게 향상된 것으로 파악되었다.(일반견 : 20~30% → 복제견 : 85% 이상)

　또한 우리나라가 보유하고 있는 개의 복제기술은 유일무이한 것으로 상업적으로 활용하는 것도 고려되고 있다. 2009년 최초의 상업용 복제견이 15만 5천 달러였던 것을 감안하면 반려견, 멸종위기견 등의 위탁사업으로 국가적인 산업으로서 새로운 산업의 가능성을 창출해낼 수도 있기 때문이다.

　잠재력을 지닌 특수목적견에 대한 관심을 증대시키기 위해서는 견공들에 대한 국민의 정서는 물론 각종 산업 분야, 또 국가의 적극적인 관심과 지원이 필요할 것이다.

　우리나라의 현재 반려견 관련 산업이나 문화수준은 애완에서 반려로 발전하는 단계에 있으나 세계적으로는 특수목적견 문화가 자리매김하는 추세만 보아도 이와 같은 요구는 무시할 수 없는 미래적 가치임을 다시금 깨달아야 할 것이다.

　향후 여러분들이 반려견과 관련된 산업 분야에서 보다 미래적이고 지속적인 활약을 하기 위해서도 이와 같은 사실들에 꾸준히 관심을 가져야 할 것이다.

Part Two

Who & What

개의 품종은 현재까지 약 500여종으로 분류되어 있다. 각 나라 별(토종견. 개량견)로 세계연맹에
공인견 신청을 하면 규정을 통과 한 뒤 공인견종으로 등록이 되기 때문에 품종은 지속적으로
늘어나고 있는 추세이다. 세계적으로 가장 권위가 있는 미국애견협회(A.K.C)의 공인을 받기위해
각국의 브리더는 지금도 연구와 노력을 하고 있다고 한다.

  그러나 반려견을 사랑하는 이들 중에서는 굳이 품종을 나누고 혈통을 보존하는 일에 크게 관심을
가지 않고 있는 사람들도 있다. 마치 계급을 나누듯이 혈통 보존을 위한 애착을 비상식적으로 키우는
일이 반려견의 행복이나 안정을 위해 큰 도움이 되지 않는다고 생각하기 때문이다. 그러나 또
한편으로는 종에 따른 특징과 유전적 질병 등을 연구하는데 있어 품종을 구별하고 정의 내리는 일은
필요해 보인다.

  이에 모든 견종을 나누어 학습하는 일은 무의미하므로, 한국에서 나고 자란 대표적 토종견과
국내에서도 사랑받는 외래견의 대표적인 품종 몇 가지를 살펴보기로 한다.

토종견의 종류와 특징

어릴 적 읽은 전래 동화책에서도 개가 등장하는 이야기를 자주
읽어 보았을 것이다. 우리 민족에게 개와 함께 한 역사는
무척이나 오래되고 익숙한 것으로 추정된다. 실제 역사적
증거들을 찾아보면 먼 신라 시대부터 가축으로 인간과
동고동락해왔음을 알려주는 부분들이 존재한다.

토종개는 이렇게 오랜 세월 동안 이 땅에서 우리 민족과 더불어
살아오면서 이 땅의 풍토에는 물론이고 우리 민족의 문화에도 잘
적응한 개라 할 수 있다.

그러나 우리나라는 토종개의 혈통을 보존하는 일이 쉽지
않았다.

안타깝게도 일본의 침략으로 강제 병합이 되면서 일제는
우리의 문화부터 우리 것이라면 무엇이던지 말살하려고 들었다.
그래서 태평양 전쟁에 필요한 물자를 조달한다는 명목으로
한국의 개들을 전쟁터에 끌고 가는 등 잔인했던 조선 개 사냥이
총독부의 주도 하에 이루어졌고 이 때문에 희귀하거나 뛰어난
품종을 자랑했던 한국의 견종들이 짧은 시간에 멸종했다.
제주도에서 사냥과 목축에 재능을 가진 제주개, 노루 사냥에
뛰어난 재능을 보였던 거제개, 해남개 등을 끌고 가 멸종시켰으며
이외에도 풍산개 삽살개 등 우리의 토종견을 전국 각지에서
끌어갔고, 이 개들이 얼마나 소중한 혈통 보존과 자랑거리가 될
지 짐작도 못한 당시의 방관이 오랫동안 이 땅에서 우리 민족과
함께 살아온 뛰어난 순혈종 토종개들의 멸종을 가져왔다.

이런 슬픈 사연에도 불구하고 몇몇 토종견들이 복원되어
그나마 명맥을 유지할 수 있게 된 것은 의로운 몇몇 사람들의
피나는 노력이 있었기 때문에 가능하게 된 것이다. 우리 것에
대한 사랑이야말로 우리를 지켜주는 위대한 정신이라 하겠다.

세류에 휩싸여 자신들의 이익만 추구하면서 우리 것을 헌신짝
버리듯이 버린 자들 때문에 잃어버린 우리 것들이 헤아릴 수 없을
정도로 많다. 하지만 이를 되찾는 데에는 말 못할 고통이 따른다.

그럼에도 불구하고 이를 찾으려는 것은 곧 우리 자신을 찾는
일이라서 힘들어도 멈추지 못하는 것이다.

〈진돗개〉

　한국에서는 모르는 사람이 없는 천연기념물 53호의 위엄을
자랑하는 한국의 대표 국견 진돗개. 외딴 섬 진도에서 태어나
혈통과 특성이 고정된 진돗개는 충성심과 깔끔함, 총명함으로
이름 높지만 안타깝게도 그 명성에 걸맞은 대우를 받고 있지 못한
게 현실이다.

　주인이 바뀌면 스스로 굶어죽는 등 오로지 한 주인에게만
충성하는 충성심, 집안에서는 절대 변을 보지 않고 멀리 떨어진
곳에서만 보는 깔끔함, 주인이 명령하기 전에 생각하고 행동하는
사고력과 7백리라는 먼 길을 걸어 주인 곁으로 돌아오는 귀소
본능. 거기다 잘 생기기까지 한 우리의 개가 바로 진돗개이다.

　진돗개는 남해의 끝에 있는 섬 진도에서 태어났다. 한 선비가
암캐를 데리고 암자에 공부하러 들어갔는데 늑대와 교미하여
낳아 자손을 퍼뜨렸다는 전설이 전해지는 진돗개는 멀고 먼
진도에서 고립되어 다른 개들과 피가 섞이지 않은 채 늑대의
특성을 가진 순수한 혈통을 이어나갔다.

　만일 사람을 해치거나 아이를 물고 몰래 음식을 훔쳐 먹는 등
사고를 일삼는 성품이었다거나 사나운 유전자를 가진 개였다면
즉각 척살 당했을지도 모른다. 그러나 진돗개처럼 성품이
온건하고 사람과 어울릴 수 있는 친화력을 가진 견종들은
오늘날까지 살아남아 그 혈통을 이어올 수 있었다. 또한 산짐승이
많은 진도에서 개들은 사냥과 공격성의 본능을 익히고 주인집의
가축으로서 식량과 경비를 책임졌다.

　진돗개는 대개 외모 상 암수의 구별이 뚜렷하고 뼈대가 굵고
통골인 겹개와 날씬하고 얄쌍한 홑개로 나뉜다. 경비 본능이

엄청나고 주인의 의중을 살피고 행동하는 눈치 100단의 진돗개들은 키우다보면 개가 아니라 사람이 된다는 말을 실감할 수 있다는 증언이 많다. 짖어야하는 발소리와 지나가는 발소리를 구분할 줄 알고, 매일 오는 주인의 친구들에겐 서늘한 눈빛을 보내기도 하지만 주인과 함께라면 그저 반길 줄 아는 신사적인 견종이기도 하다. 얼마나 영리한지 진돗개가 있는 집에는 물건을 들고 들어갈 수는 있지만 나올 때는 빈손이어야 한다는 말이 있을 정도이다.

뿐만 아니라 새끼 때부터 쥐를 잡아내는 능력으로 진돗개가 있는 집에는 쥐가 없다는 것이나 성견이 되면 온갖 동물을 잡아 선물이랍시고 물고 들어오는 특성이 있다. 때문에 가끔 온 동네 닭을 다 물어 죽이는 사고를 쳐서 주인의 등골을 빼먹는 경우도 적지 않지만 작은 동물 사냥에는 뛰어난 수렵 실력을 자랑한다.

무엇보다 유명한 것은 진돗개의 충성심이다. 700리 길을 걸어 자신을 판 주인에게 되돌아온 백구, 그리고 2002년 주인 박완수 씨가 죽자 식음을 전폐하고 시신에 손대지 못하게 으르렁 거리다 쇠줄을 끊고 주인의 시신을 실은 차를 쫓아가 주민들에게 상복을 입혀 상주 노릇을 시켜야한다는 말까지 나오게 해 감동을 자아냈던 진도의 백구. 태우려고 내놓은 주인의 옷을 물어 다시 갖다 놓는 등 영민함으로 사람들을 감탄시켰던 백구는 현재 '충일'이라는 이름으로 진돗개 연구소에 맡겨져 있다.

지금도 충일이는 사육사와만 잠깐 아는 체 할 뿐 자신을 보러오는 많은 관광객들은 모른 체 하고 있어 한 주인에게만 충성하는 진돗개의 충성심을 확인시켜 주고 있다.

자아가 강해 주인이 시키기 전 자신이 판단하고 생각하는 경향이 강한 진돗개는 개들 중에서는 내가 제일 잘 났다는 식의 귀족주의적이고 죽어도 혼자서 이긴다는 도도한 자존심을 가지고 있어 같은 진돗개끼리 모아놓으면 서열 1위 될 때까지 계속해 싸움이 일어나는 끈질긴 근성의 소유자다.

또한 유난스러울 정도로 성격이 깔끔한 편인데 집안이나 자기 영역 내에선 결코 볼 일을 보지 않을 정도이다. 변이 더럽다는 것을 인식하는 견종일수록 지능이 높다고 알려져 있으므로 진돗개의 지능은 가히 감탄할 만하다.

오래전 유명한 견종들을 1평 남짓 작은 방에 가두고 생활하는 모습을 지켜보는 실험을 한 일이 있는데 진돗개는 그 작은 공간에서 자신이 잘 곳, 먹고 마실 곳, 일을 보는 공간을 모두 정확하게 정해두고 지켜 유난스러운 깔끔함을 입증해보였다.

▲▼ 진돗개 (Jindo Dog)

〈풍산개〉

　북한의 국견으로 지정된 풍산개. 일본 학자 모리 다메죠가
1936년 진돗개와 함께 연구하여 발표한 뒤 세상에 알려진
풍산개는 겨울이면 영하 40도까지 떨어진다는 살벌한
함경도에서 그 명맥을 이어왔다. 역시 지리적으로 무척 중심지와
떨어져 있는 특성과 일본 개와 비슷하게 생겼다는 이유로 멸종을
면하고 이 땅에 살아올 수 있었다. 이런 풍산개는 시베리아와
북만주 개와 같은 혈통으로 짐작된다. 진도와 같은 섬, 또는
고립된 산악지역에서는 다른 견종과 혼혈될 가능성이 적기
때문에 순수성을 잘 유지한 견종 중 하나가 풍산개이다.

　풍산개의 가장 큰 개체적 특성은 '수렵성'이다. 오래 전부터
함경도 화전민들과 살아오며 포수들을 따라 사냥을 생업으로
삼아온 풍산개는 사람에게는 대개 매우 온순하지만 동물
앞에서는 무척 포악하게 돌변해 사냥 본능을 드러내는데 전
세계적으로도 드물게 호랑이 사냥에 쓰이는 수렵견 중 하나이다.

　진돗개보다 몸집이 큰데다 뼈대가 굵고 강건하며 대개 은은한
백색 털을 가지고 있다. 이 밖에도 턱 밑의 사마귀와 수염,
앞발톱이 하나 더 있어 발가락이 더 있는 것처럼 보이는 등의
신체적 특징을 갖고 있다. 힘이 세고 지구력과 체력이 뛰어난
타고난 사냥견인 풍산개는 혹독한 함경도의 추위 속에서
단련되어 털이 길고 매우 풍성하다. 털이 이중으로 되어 있어
추위를 견딜 수 있도록 지방층이 두텁게 발달해 있다.

　또 오래 전부터 물려받은 본능으로 새끼를 낳을 때가 되면 굴을
파는 습성이 있는데 함경도의 매서운 추위에서 새끼를 보호하기
위한 것이라고 한다. 평소에는 귀를 접고 있을 때가 많지만
기척을 느끼면 화살처럼 꼿꼿이 세운다.

　아주 오랜 세월 동안 풍산개는 척박한 함경도의 개마고원에서
화전민과 사냥꾼들과 함께 주인을 따라 수렵에 봉사해 밥벌이를
하고 산짐승으로부터 주인을 보호해준 충견으로 살아왔다.

무리지어 사냥을 해온 풍산개는 북쪽이 고향이라 그런지 고독한
귀족주의인 진돗개와 달리 단결력이 있는 편이다.

수렵을 하는 견종답게 뛰어난 청각, 후각, 예민함과 민첩한
순발력, 대담한 기질로 사냥감을 발견하면 투지를 불태우며
끝까지 추적하는 근성이 있다. 또한 큰 동물이나 맹수를 사냥할
때는 무리지어 각자 급소를 물고 늘어지거나 강한 지구력을
바탕으로 사냥감을 몰아서 지치게 만들고는 포수로 하여금
마무리하는 등 영리한 면모도 지니고 있다.

사람들을 따라 사냥해온 만큼 본능적으로 사람을 잘 따르는
풍산개는 주인이 바뀌어도 잘 적응하고 덩치에 어울리게끔
의젓하고 처신이 당당하다. 성격이 대담하기 때문에 웬만해서는
잘 짖지 않고 물을 좋아하는데 이는 진돗개가 물을 싫어하는 것과
확연히 대비된다. 동물에게는 살벌하지만 특별히 신경을
건들지만 않으면 사람과는 잘 어울리는 편이다. 예민해서 일단
영역 다툼부터 하고 보는 진돗개와는 달리 일단 낯선 사람이라도
관찰하고 보는 타입으로, 신경을 써서 훈련을 시킨다면 주인의
영역을 침범한 낯선 사람을 쫓아버리는 경비견의 역할도
가능하다.

〈삽살개〉

　삽사리라고도 한다. 천연기념물 제 368호이며 경주를 중심으로
한 한반도 동남부 지역에 널리 서식했다고 전해진다. 귀신이나
액운을 쫓는 개라는 뜻을 지니고 있는 '삽(쫓는다) 살(귀신.
액)'이라는 용어는 순수한 우리말로서 가사, 민담, 시가 등에 자주
등장하는 단어이다.

　신라시대부터 왕궁에서 길렀으며 신라의 몰락과 함께 민가로
흘러나와 사람들과 함께 했다. 주로 경주 지역에 많았던 것으로
추정된다. 신라 33대 왕 성덕왕의 장남인 김교각 스님이 볍씨와
삽살개를 가지고 중국으로 건너가 벼농사를 전파했다는 기록도
있다.

　일제시대 전까지만 해도 흔히 볼 수 있는 개였던 삽살개는
일제를 거치면서 멸종 위기 직전까지 가게 되었다. 당시 태평양
전쟁을 치르고 있던 일본은 31년 만주사변을 일으켜 북방으로
진출하면서 겨울을 날 수 있는 모피가 필요했다. 조선 땅에
놓아기르는 개가 많은 것을 보고 총독부령으로 조선 원피
주식회사를 설립해 일본 개와 닮은 진돗개와 풍산개를 제외한
개들을 모두 야견이라는 명목으로 잡아 도살했는데 기록에
의하면 연간 30~50만 마리의 조선 개들이 살해당해 가죽이
벗겨졌다고 한다. 이때의 견피 수집이 어찌나 체계적으로
이루어졌는지 지금도 총독부 기록을 보면 조선개의 가죽과 털의
질이 좋아 사용하기에 적합하다는 기록이 있다.

　총독부는 백정들에게 개를 잡게 했고 집에서 기르는 개도
일본인이 키우는 개와 교배시킨 표가 없으면 끌고 갔다. 당시
사람들은 집에서 기르는 개에게 표를 다는 것을 우습게 여겨
'죽은 개의 피가 강을 이루었다'는 기록이 있을 만큼 한국의
토종개들은 빠른 속도로 사라져가기 시작했다. 세계 역사상 유래
없는 토종개 수난의 세월 동안 이 때 멸종한 것이 노루잡이에
뛰어난 재능을 보이던 거제개, 목마견으로 사육되던 제주개,

완도에 서식하던 해남개 등이다. 이 중 가장 큰 피해자가 바로 삽사리였다.

방습, 방한에 좋은 긴 털과 가죽을 가진 삽사리는 일본개와 전혀 닮지 않았고 용맹스럽고 싸움을 잘해 한국 사람들의 기질과 가장 닮았다 할 수 있기에 가장 빠른 속도로 이 땅에서 사라질 수밖에 없었던 것이다. 해방 후에도 서양문물과 함께 들어온 서양개 선호로 인해 삽사리는 약용이나 식용으로만 여겨지며 그만 잊혀지고 버려지고 말았다.

그러면서 6.25 등으로 정신없이 지나가던 1960년 중반, 경북대 교수들은 토종 삽사리에 대한 연구 작업을 시작했다. 젊은 수의학자들을 중심으로 과학기술처에서 삽살개 수집과 연구에 필요한 연구비를 확보하고 전국에서 활동하는 선후배 수의사들을 총동원해 여러 해에 걸쳐 삽살개에 관한 정보를 모았다. 이 때 외국개와 혼혈되지 않은 순수 삽살개 30마리를 확보했다. 순수 삽살개로 인정된 개들이 발견된 곳은 대개 경상북도와 강원도의 산간 오지 마을로 기록은 이렇다.

'균형적이고 암수 성상이 뚜렷하며 수캐는 대가리가 크고 흉부가 암컷에 비해 발달되었고 전신이 장모에 덮여 사자와 같은 야성적 외모를 가졌다. 체질은 견고하며 배요부는 건실하고 십자부는 높은 편이다.'

이 수집견들은 다양한 전염병에 대해 토종 특유의 강한 저항성을 보였고 체질도 외국 견종에 비해 우수함이 입증되었다. 품성도 주인에 대한 복종이 강하며 주의력이 깊고 확고했다. 연구팀은 삽살개의 천연기념물 지정과 정부 차원에서의 보호 육성책이 강구되어야 한다고 주장했지만 당시 사회 분위기상 연구진의 주장은 호응을 얻지 못했다. 열악한 환경 속에서 교수 혼자 삽살개를 감당하기란 쉬운 일이 아니었다. 부친의 농장에 맡겼던 개가 결국 8마리 밖에 남지 않았을 때 허술한 환경 때문에 몇 년 후면 삽살개의 맥이 완전히 끊길 것 같은 위기감을 느낀

▲▼ 삽살개（Sapsaree）

교수팀은 즉시 얼마 남지 않은 삽살개들을 보호하기 위해 친지들에게 나누어준 삽살개를 찾아 나섰지만 그 사이 대부분 잡종이 되거나 복날에 잡아먹었다는 답변만을 들었다.

1989년 즈음, 근친번식을 막으며 삽살개는 8마리에서 복원을 시작한 것이 30여 마리로 불어났고 1992년에 개로서는 두 번째로 문화재관리국에서 천연기념물 승인을 받았다. 삽살개가 토종개로 드디어 복원되는 순간이었다.

삽살개는 모색에 따라 청삽사리와 황삽사리로 나뉜다. 강아지 때는 까만 털로 태어나지만 성장과정에서 털갈이를 하면서 털색깔이 결정되는데 흰색과 검정색이 섞이면 청삽사리 색을 띄는데 청삽사리의 털은 달빛을 받으면 온 몸이 파란색으로 빛이 나서 청삽사리라는 이름이 붙었다.

성품도 황삽사리가 온순한 편이고 점잖으며 애교가 많고, 청삽사리는 용맹하고 대담하고 투쟁적인 면이 있다. 그리고 재래종의 특성상 서양개 특유의 노린내가 나지 않고 더럽게 키우면 거름과 퇴비 냄새가 난다고 한다. 애교가 많고 사람과의 친화성이 뛰어나고 영리하다. 질병과 더위를 견디는 힘 등 체질적으로도 서양개에 비해 강하고 한번 정을 준 주인을 잊지 못 하고 해가 지면 동구 밖까지 나와 주인을 기다린다. 정이 많고 정신적으로도 강인한 성품의 삽살개는 치료견으로도 쓰이는데 우울증이나 자폐 등을 앓고 있는 환자들에게 친밀감을 표시하며 정서적으로 안정감을 주며 표현력의 계기가 된다고 한다.

삽살개의 원종에는 혈통서가 있다. 우선 이빨의 교합 등 여러 상태를 보고 열성인자를 함유하지 않아 변종될 우려가 없는 순수종으로 인정된 삽살개들은 고유번호를 찍고 혈액 검사 등을 통해 별도 관리한다. 원종이란 개체 간 크기가 균일한 것으로서 개체 간 크기에 있어 8cm 이상의 차이가 나지 않는다. 또 털은 장모이고 눈을 길게 덮고 있으며 초가지붕 형상을 띄어야 한다. 얼굴 형태를 결정하는 이빨의 교합은 정 교합이어야한다. 윗니가 아랫니를 덮은 형태, 이것이 가장 중요하다고 한다. 개수는 42개여야 한다.

이러한 과정을 거쳐 성품 등이 모나지 않고 사납고 공격적인 부분이 많은 것을 보다 온순하게 하며 외형상 규격에 벗어나지 않는 개로 인정되면 삽살개에게는 혈통서가 부여된다. 조상견들이 기록되어 있는 이 혈통서로 인해 삽살개는 원종을 유지할 수 있게 되어 발전 단계에 들어섰다.

외래견의 종류와 특징

앞서 언급한 것처럼 견종의 분류는 나라마다 차이가 있으며 같은 국가 내에서도 협회마다 차이가 좀 있다. 견종을 구별하는 AKC, UKC, FCI, KKC 등 수많은 단체들이 있는데, 그 중에서 가장 널리 쓰이는 미국 켄넬 클럽 (AKC : http://www.akc.org) 그룹별 견종 분류이다. 아무래도 반려견 산업이 일찍부터 발달한 그야말로 반려견 천국의 국가답게 그들의 기준이 오늘날 견종을 지키거나 구별하는데 기준이 되고 있다.

미국 켄넬 클럽은 총 7가지 분류로 견종을 분류하고 있다. 조렵견 그룹, 하운드 그룹, 테리어 그룹, 사역견 그룹, 토이 그룹, 목양견 그룹, 비조렵견 그룹이 바로 그것이다.

▲ 조렵견 그룹의 포인터(Pointer)

〈조렵견 그룹〉

조렵견은 사냥 개 중에서 주로 조류의 사냥을 돕는개 들을 뜻한다. 이들은 매우 민첩하고 기민하며, 활동적이고, 책임감이 강하며, 성격도 좋아 훌륭한 반려동물로 인기가 높다. 대표적인 품종으로는 사냥감의 위치를 알려주는 포인터, 세터, 총에 맞아 떨어진 새를 물고 돌아오는 리트리버 등이 있다. 이들의 주인은 활동적인 자신의 개를 위해 매일매일 규칙적인 운동을 시켜줘야 할 필요가 있다.

▼ 하운드 그룹의 그레이 하운드(Grey Hound)

〈하운드 그룹〉

　조류 이외의 일반적인 사냥감을 사냥 할 때는 하운드나 테리어 계열의 수렵견 들이 활약을 한다. 하운드 그룹은 조상대대로 사냥에 사용되었을 정도로 사냥에 적합한 체형과 특성을 가지고 있고, 사냥감을 쫓아가는 능력이 탁월한 것으로 알려져 있다.

　하운드 그룹은 다시 사이트 하운드와 신트 하운드로 나눌 수 있는데 사이트 하운드는 스피드가 뛰어나고 사냥감을 빠른 속도로 쫓는 데 적합한 체형과 날씬함, 유연성을 가지고 있는 경주용 하운드이다. 그레이 하운드, 휘핏, 살루키 등이 여기에 속한다.

　빠른 속도로 사냥감을 쫓는 사이트 하운드와 달리 신트 하운드는 뛰어난 후각을 통해 끈질기게 사냥감을 쫓아 사냥감을 지치게 만들어 궁지에 몰아넣는 특징을 가지고 있다. 신트하운드는 다른 개들보다 비강(코)의 표면적이 넓어 후각이 더 뛰어나며 사냥할 때는 후각에 주로 의존할 뿐, 청력은 별로 사용하지 않는다. 블러드 하운드, 바셋하운드, 비글 등이 대표적인 신트 하운드 종이다.

▲ 테리어 그룹의 요크셔 테리어(Yorkshire Terrier)

〈테리어 그룹〉

　사냥을 위해 좀 더 개량되고 진화된 종이다. 땅굴을 파고
들어가 토끼나 너구리 등을 잘 쫓을 수 있도록 짧은 다리와 좁은
몸통을 갖도록 개량된 닥스훈트가 대표적인 테리어그룹인데,
닥스훈트의 경우 지속적인 선별적 사육을 통해 체구가 점점
작아졌다. 테리어는 상대적으로 참을성이 부족하고 활동적이며
에너지가 넘치고, 크기가 다양하다는 특징이 있다. 이런 본능적
특징을 이용해 여우나 오소리 등과 마주쳤을 때 뒤로 물러서지
않고 효율적으로 사냥하도록 훈련을 받았다. 애어데일 테리어,
요크셔 테리어, 베들링턴 테리어 등 수많은 품종이 여기에 속하며
근래에는 사랑스러운 반려동물로 각광받고 있다.

〈사역견 그룹〉

　사역견그룹은 재산을 지키거나 썰매를 끌거나 구조 작업을
하는 등 수많은 일들을 수행하는 그룹으로, 인간에게 유용한
일들을 꾸준히 해온 덕택에 값을 헤아릴 수 없는 중요한 자산으로
여겨지고 있다. 이들은 일반적으로 독립심과 의지가 강하고 작은
소리에도 예민하게 반응하며, 커다란 목소리를 가지고 있어 낯선
이들의 접근을 잘 방어할 수 있다. 아키타, 시베리안 허스키,
사모예드 등이 대표적인 품종이다.

▲ 토이 그룹의 몰티즈(Maltese) / ▼ 목양견 그룹의 보더콜리(Border Collie)

〈토이 그룹〉

우리가 '반려견'이라고 할 때 쉽게 떠올려볼 수 있는 강아지들이 토이그룹에 속한다. 하지만 최근에는 모든 품종이 훌륭한 반려견이 되고 있으므로 더 이상 이런 분류는 의미가 없기도 하다. 일반적으로 토이그룹은 작은 체구와 매력적이고 귀여운 외모로 사람들에게 호감을 잘 끄는 품종들이며, 실내에서 키우기 적합하도록 개량되어 왔다. 몰티즈(말티즈), 치와와, 시츄 등이 대표 품종이다.

〈목양견, 목축견 그룹〉

목양견들은 흔히 가축견 또는 경비견이라고도 불리우는데 동화책에서 양떼를 몰고 다니는 견공들이 바로 이들이다. 가축을 울타리 밖 또는 안으로 몰거나 일정 범위 밖으로 벗어나지 못하도록 통제하는 역할을 주로 맡고 있다. 뒷꿈치를 살짝 살짝 물어서 가축을 모는 웰시코기나 가장 똑똑한 품종으로 알려진 보더콜리 등이 여기에 속한다.

〈비조렵견 그룹〉

위의 6가지 분류와 구별되는 비조렵견 그룹은 주로 느긋한 성격을 가지고 있고 놀이를 좋아하는 성향을 보인다. 굉장히 다양한 품종이 여기에 속해 있는데, 크기도 다양하고 모습이나 성격도 천차만별이다. 차우차우, 달마시안, 비숑프리제, 시바견, 불독 등이 비조렵견 그룹으로 분류되어 있다.

▲ 비숑 프리제(Bichon Frise)

반려견 미용과 건강

반려견의 미용은 단순히 아름다움을 뽐내는 데에만 그치지 않는다. 피부와 털을 건강한 상태로 유지하고 피부병을 예방하기 위한 필수사항이다. 물론 처음부터 모든 견종이 미용을 통해 건강관리를 받았던 것은 아니나 인간과 함께 생활하는 반려견의 경우 미용을 통해 위생을 점검하고, 건강을 돌보아 사람에게 옮겨질 질병이나 각종 불편을 최소화할 필요가 있기 때문이다. 실제로 요크셔테리어, 푸들, 슈나우저, 콜리 등 긴 털을 가진 품종은 잘 관리하지 않으면 털이 엉켜 각종 피부질환이 생길 수 있어 반려주인에게도 골치를 앓게 할 수 있다. 또 발바닥 털을 잘라주지 않으면 강아지가 보행 중 균형을 유지하기 어려워 다리가 기형이 될 수도 있다.

이와 같은 반려견 미용은 애견미용사에게 맡길 수도 있지만 요즘은 집에서 직접 애견 미용에 대한 공부를 통해 전반적인 관리를 스스로 하는 견주들도 늘어나는 추세이다. 그러나 애견미용인들에게 맡겨야 하는 전문적인 영역이 있기 때문에 애견미용사는 오늘날 없어서는 안 될 직업인이다.

반려견 미용의 기본은 잦은 빗질이다. 빗질은 털을 정돈해줄 뿐 아니라 혈액순환에도 도움을 준다. 특히 털이 긴 품종은 하루에 한 번 이상은 꼭 빗질을 해주는 것이 좋다. 빗질을 너무 세게 하면 상처가 날 수 있으므로 주의해야 한다.

목욕은 한 달에 두 번 정도를 권장하는 편이다. 잦은 목욕은 피부습진, 감기 등을 유발하기 때문에 겨울철과 환절기에는 한 달에 두 번 정도가 적당하다. 반려견의 몸이 더러워지고 냄새가 나 견디기 힘들다면 지저분한 부분만 닦아주는 것이 좋다.

외출 시에는 가급적 강아지의 몸이 젖지 않도록 주의해야 한다. 앞발에서 튄 물은 배 부분까지 물들이기 때문에 감기에 걸릴 위험이 높다. 소형견이라면 되도록 안고 다니거나 배 부분을 가려주는 애견 전용 옷을 입히는 것도 괜찮은 방법이다.

목욕을 할 때는 반드시 개전용 샴푸를 사용해야 하며 목욕 후에는 드라이기를 이용해 털을 완전히 말려주어야 한다.

건조한 공기와 미세먼지는 결막염과 호흡기 질환을 유발하므로 황사가 많은 계절에는 외출을 삼가는 게 좋다. 외출을 해야 한다면 옷을 입혀 애견의 몸을 보호해줘야 한다.

또 외출 후에는 반드시 목욕을 시키고 클렌징 티슈 또는 안구청정제를 이용해 눈에서 먼지를 제거해줘야 한다. 물을 많이 먹이는 것도 좋은 방법이다. 이처럼 일반적으로 견주가 할 수 있는 애견미용 외에도 애견미용을 담당하는 전문가에게 의뢰할 수 있는 영역도 존재하기 마련이다.

다음은 전문가들의 손길이 필요한 애견미용에 대해서 알아보자.

반려견 미용의 상세

생활수준의 향상과 각종 잡지나 매스컴을 통하여 개를 기르려고 하는 사람들이 많아지며 핵가족 시대의 정서적 만족을 위해 많은 사람들이 반려견을 기르고 있고 이에 따른 부가 산업들도 각광받고 있음을 우리는 앞서 확인 했다.

그러나 반려견의 수와 견주들은 늘어나고 있는데 반해 더욱 건강하고 쾌적한 환경에서 서로가 오랜 시간 함께할 수 있는 방법들에는 무책임한 사람들이 많은 것도 사실이다. 가령 가정의 반려견은 주인과 같이 산책을 하며 집에 돌아와 거실에서 안방까지 다니고 있는데도 미용과 위생에 무관심한 견주들이 존재한다. 반려견은 반드시 일정기간마다 목욕을 시켜주고 더러운 털을 깍지 않으면 위생과 건강에 문제가 생길 수밖에 없다. 견주가 반려견의 위생과 미용에 둔감하다면 필연적으로 반려견은 질환에 노출될 수밖에 없고 이는 반려견의 생활과 안정에도 위협이 되는 요소로 발전할 수 있어 주의를 기울여야 한다.

때문에 반려견들을 전문적으로 관리해주고 더운 날씨에 목욕을 대행하거나 털을 미용해주며, 치장을 하는 일을 도맡는 이들이 애견미용사이다. 견주들이 상식적인 수준에서 개를 다루고 있다면 개에 대한 전문적인 지식과 미용기술을 갖고 개의 청결을 담당하는 전문가가 바로 애견 미용사인 셈이다.

애견 미용사는 애견미용학원에서 미용기술과 지식을 얻어 동물병원이나 펫샵에 취직을 하며 또한 본인의 의사대로 미용실을 오픈하여 일을 하고 있어 견주들이 적정한 수준의 상점을 선택하여 방문하면 된다.

본격적인 애견 미용이란 우선 반려견을 씻기는 일에서 시작된다. 또 반려견의 특징과 털의 모양, 피부의 상태를 고려해 털을 깍거나 모양을 낸다. 또한 많은 미용대회나 애견 전람회에서 입상과 실력을 향상시키기 위해 보다 미적인 측면을 강조하는 관리에 힘쓰기도 한다.

애견미용사가 해주는 관리는 대표적으로 다음과 같다.

- 건강상태와 털 상태 검사
- 고객과 상담하여 컷트 및 미용결정
- 그루밍
- 피모(털)의 손질
- 피모의 청결
- 몸의 균형을 이루며 고객이 원하는 커팅
- 아트미용 및 기타관리
- 염색

애견미용을 하는 데에는 전문 도구가 필요한데 다음과 같은
도구를 활용하게 된다. 털 자르기 도구인 클리퍼를 비롯해 털을
깨끗하게 잘라줄 때 쓰는 컷 가위, 숱 가위, 빗질 도구인 슬리커
브러시, 핀 브러시, 일자 빗, 눈곱 빗, 꼬리빗 등이 있다. 또
발톱도구, 귀 청소를 할 때 쓰는 집게인 겸자와 솜, 겸자가
미끄러지지 않게 뿌려주는 이어 파우더, 귓속 더러운 것을
없애주는 이어 클리너, 반려견 전용 칫솔과 치약, 수건, 드라이어
등등 종류가 많은 편이다.

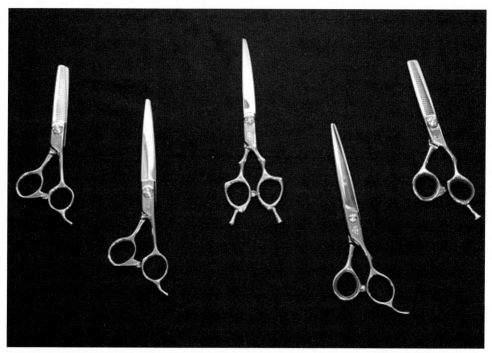

▲ 애견 미용용 컷,숱 가위

애견미용사의 주요 미용 기법

〈털 말리기〉

　목욕을 시킨 후 드라이를 하지 않으면 강아지의 털이 축축해져
진드기나 짓무름이 생기기 쉽다. 털이 잘 마르지 않기 때문에
피부와 털 사이의 습기가 날아가지 않아 냄새가 나기도 쉽다.

　하지만 보통 개들은 강하고 뜨거운 바람을 싫어하기 때문에
빠른 시간 안에 드라이를 해주면서 털을 말려야 한다. 드라이를
할 때엔 바람이 강아지 얼굴 정면을 향하지 않도록 하면서 털이
활짝 펼쳐지게 쏘여주어야 잘 마른다. 주인의 손도 가끔 말리며
드라이한다.

　또 강아지의 피부 속 깊숙이까지 펼쳐가며 피부질환이 있는지
확인해야 한다. 다음과 같은 방식으로 드라이해야 한다는

매뉴얼이 존재하는데, 견종에 따라서 차이가 있을 수 있으므로
주요 전문사항은 교육기관이나 미용사에게 전문 상담하자.

- 다리 안쪽 관절과 배, 항문 쪽도 말려 준다.
- 몸통은 털이 풍부하게 살아나도록 빗으며 말린다.
- 일자빗으로 털이 엉킨 곳이 없는지 확인한다.
- 앞치마에 드라이기를 끼우거나 벨트로 허리에 고정시켜
  양손을 쓰면 털을 말리기가 쉽다.
- 털이 짧을 경우 머리 쪽부터 말린다. 콧등과 귓속까지
  물기가 없어지도록 해야 한다. 털이 길 경우 몸통부터
  말린다.
- 마른 수건으로 귀 안팎의 물기를 닦아낸다.
- 귓구멍을 엄지로 막고 귀 주변 털이 난 방향으로 활짝
  펼쳐지게 골고루 말린다.
- 모근까지 바람을 쐬어 말려 준다.
- 얼굴을 말릴 땐 콧등과 미간 사이사이 물기가 없어지도록
  해야 한다. 엄지손가락으로 비비며 말려 준 다음 일자빗으로
  빗기며 드라이한다.
- 슬리커 브러시로 털을 아래에서 위로 결의 반대방향으로
  빗으며 말리고, 털이 풍성하게 살아나도록 드라이한다.
- 발바닥과 발가락 사이사이까지 비비며 말려 준다.
- 배를 말릴 땐 한 손으로 앞의 두 다리를 한 번에 쥐고,
  배에서 성기 부분까지 샅샅이 마르도록 바람을 쏘이고 비벼
  준다. 손으로 비비며 말려 주자.
- 일자빗으로 샅샅이 털을 빗어 정리한다.

〈그루밍(Grooming)〉

그루밍이란 반려견에 대한 전반적인 치장이나 손질, 즉 미용 관리 대부분을 뜻한다. 처음 시작은 질병 예방을 위한 관리 차원에서 시작된 것이 오늘날 애견미용의 기본이 되었다.

구체적으로는 털을 자르거나 목욕을 시키는 것 등을 포함하는 것으로 애견미용은 관상적 미보다 질병예방 차원임을 인식하고 접근하는 것이 바람직한 방법이다.

일반적으로 브러시로 털을 쓸어주면서 입, 눈, 귀, 다리 등 반려견의 각 부분의 손질을 하는 행위를 그루밍이라고 말한다.

푸들, 테리어 등을 미용할 때 털을 뽑고 자르고 베는 등의 작업들을 통틀어서 트리밍이라고 부르며 그루밍과는 구별한다. 또 그루밍 방법은 도그쇼 진출을 목적으로 한 쇼클립그루밍과 가정에서 평범하게 애완견으로 키우기 위한 펫 클립 그루밍으로 나뉘어져 있다.

■ 쇼클립 SHOW CLIP

쇼에 참가하기 위한 그루밍은 출전 스타일에 맞추어 환모(털갈이) 시기를 고려한 후에 쇼 당일에 출전견이 최고의 상태일 때 한다. 견종 표준에 의해 트리밍이 될 수 있도록 피모를 정돈해 두어야 한다. 쇼 컷트를 하기 위해서는 피모를 길게 펴서 준비하는 것도 필요하고 건강 관리를 포함해 쇼 당일에 초점을 맞춘 일상의 그루밍이 강조되고 있다.

■ 펫클립 PET CLIP

일반적으로 가정 안에서 반려견으로 생활하면서 필요한 그루밍 방법으로 청결함, 반려견을 다루기 쉬운 방법들이 우선적으로 고려된다. 건강한 피모 관리를 위해 전문적인 모양 만들기나 피모 관리를 위한 랩핑 테크닉은 별로 필요하지 않다.

〈트리밍(Triming)〉

　트리밍은 '장식하다' 또는 '다듬다'는 뜻으로 반려견이
생활하는 데 있어 불필요한 털을 깍는 것을 말한다. 트리밍을 할
때에는 견종마다 클럽마다 차이가 존재한다.

　초기에 트리밍은 개가 주어진 작업을 할 때 그 능력을
증대시키기 위해서 불필요한 부분을 손질하는 것이었으나
반려견 문화가 차츰 가정 내로 옮겨가면서 미적인 요소가
강조되어 활동의 능률성 보다는 미용을 위한 트리밍으로
발전하고 있다. 현재도 트리밍은 대부분 미적인 요소를 위한
미용으로 보급되었다.

　트리밍이 애견미용 방법 중 가장 많은 부분을 차지하기 때문에
애견미용사를 트리머라고 부르기도 한다.

클리퍼로 털 미는 법

짧게 밀 땐 털이 난 반대방
향으로 클리퍼로 밀면 짧
게 깎인다. 길게 밀 땐 털이
난 방향, 즉 정방향으로 밀
어주면 털이 길게 남는다.

〈시저링(Scissoring)〉

용어 그대로 가위질을 뜻한다. 아무래도 자동 기기를 사용하는 털깎이 보다 좀 더 전문성이 요구되는 분야이다. 넓은 의미에서 볼 때 트리밍의 영역에 속하지만 시저링의 방법을 터득하지 못하면 아무리 개의 모질과 트리밍을 이해한다고 해도 미용을 잘 할 수 없다.

보통 시저링은 아랫 낫을 움직이지 않고 윗날만을 움직여서 하는 것이 보편적이며 시저링을 할 때 항상 다음 사항을 염두에 두고 해야 한다.

시저링은 움직이는 개를 대상으로 하는 가위질이기 때문에 자칫 잘못하면 개의 신체 일부를 자르거나 벨 수 있다는 점이다. 대부분의 개들은 가만히 앉아 있는 일에 불안함이나 따분함을 느끼는데다, 낯선 사람이 가위를 들고 만지고 있기 때문에 무척 예민해진 상태이다. 때문에 시저링 중에 개가 테이블에서 뛰어 내리는 일은 다반사다. 이와 같은 돌발 상황에서 상처 없이 가위질을 할 수 있어야 노련한 애견미용사라고 할 수 있다.

또 반려견 미용은 사람과는 달라서 한 손이 아니라 두 손으로 하는 것을 원칙으로 한다. 한 손은 가위질을 하고 다른 한손은 개를 제압하면서 자유롭게 두 손을 쓸 수 있어야 한다.

가위로 털 자르는 법

가위 날은 언제나 강아지의 몸통 털에 평행하게 갖다 대고 엄지 쪽만 움직여서 털을 자른다. 엄지쪽 날이 잘라가며 원하는 방향으로 평행하게 움직이면서 털을 자르면 된다. 자를 땐 반드시 털의 결과 같은 방향으로 날 끝을 향하게 한 다음 잘라 나간다. 결이 바뀌면 가위의 방향도 그것에 맞춰 바꿔야 한다. 처음엔 가위 날을 오므린 채로 갖다 대야 한다. 그렇지 않으면 가위 끝에 강아지가 찔릴 위험이 있다. 약지 쪽 날은 고정시키고 엄지손가락만 이용해 엄지 쪽 날을 벌렸다 오므렸다 하며 자른다. 이를 수도 없이 많이 연습해야 예쁘게 자를 수 있다.

〈랩핑(Wrapping)〉

랩핑은 쉽게 말해 용지, 끈, 핀 등으로 털을 묶는 것을 말한다. 주로 털이 긴 말티즈, 요크셔테리어 등의 털을 관리하는 방법이다. 털이 긴 개의 경우 입 주변, 귀의 긴 털 등은 사료를 먹거나 물을 먹으면서 더러워지거나 잘려나가기도 하므로 랩핑이 절대적으로 필요하기 때문이다.

랩핑의 방법으로는 랩핑 용지를 펴서 그 위에 알맞은 양의 털을 올려놓고 싸서 고무줄로 묶는 방법이 가장 일반적이다. 이때 랩핑 용지는 전문용지가 없을 경우 식당에서 사용하는 키친 타월 등으로 대체하기도 한다.

랩핑을 할 때 주의할 점은 구부러지는 관절과 연결된 털을 묶지 않아야 한다는 것과 너무 단단하게 고무줄을 묶는 바람에 반려견이 활동하는데 지장을 받지 않도록 주의해야 한다는 것이다. 즉, 관절의 시작부분에는 개의 운동성을 고려해서 랩핑 해야 한다. 랩핑은 주로 도그쇼에 나가는 개들의 평소 털 관리를 위해서 하는 것이 보편적이며 가정에서 펫독으로 키워지는 개들은 컷팅을 하므로 대부분 랩핑은 하지 않는 편이다.

〈항문낭 짜기〉

애견미용사가 담당하는 또 하나의 일이다. 반려견의 엉덩이 항문주위에 조그마한 주머니처럼 붙어 있는 것이 바로 항문낭이다. 반려견의 항문 주변에는 배변 찌꺼기나 기생충 알이 붙어 있는 경우가 많기 때문에 평소 청결하게 하는 것이 매우 중요하다.

항문 주위선, 항문 주도관 등 항문 기관 기능이 정상적이라면 항문 주변이 지나치게 더러워지는 일은 없지만 간혹 부드러운 변 또는 설사를 했을 때 분변이 주변에 묻기도 한다. 또 외출이나 앉는 자세 때문에 먼지나 흙이 묻으면서 항문 주변이 오염될 수도

있다. 때문에 미용사는 항문 주위를 살펴서 오염을 제거하는 일도
해야 한다. 미지근한 물로 엉덩이 부분을 씻기고 곧 드라이로
말려준다.

만약 반려견이 항문부를 땅에 문지르는 행동을 한다면
기생충이 생긴 것이라고 보아야 한다. 이때는 구제약을
처방하도록 병원과 주인에게 통보해야 한다.

항문낭 짜는 방법은 다음과 같다.

항문의 외복부 측에 위치하고 있는 낭으로 외관상 확인이
가능한 항문낭은 조금 열려 있다. 긴털을 가진 견종은 항문 주위
털과 꼬리 시작부분의 안쪽 털을 짧게 잘라 놓는다. 이후 꼬리를
꽉 잡고서 등 쪽으로 올리고 항문을 돌출시킨다. 손가락으로
항문의 5시, 7시 방향의 부분을 누른다. 티슈를 사용할 때라든가
강아지 샴푸 시에 수행하면 손가락이나 피모를 더럽히지 않을 수
있으니 노련하게 움직이면 좋다.

항문낭의 위치를 정확하게 확인하여 될 수 있는 한 부드럽게
누른다. 너무 강하게 누르면 낭을 상하게 할 수 있으니 너무 세게
누르지 않도록 주의한다. 내용물은 낭벽에 발달한 지선 아포릭링
대간선의 분비물이나 끈적끈적한 진흙 상태나 물 같은 것으로
이런 분비물을 그대로 방치하면 세균이 감열될 수 있으므로
깨끗하게 제거하고, 목욕을 마무리하거나 물로 닦아주고 털을
말려준다.

보통 애견미용사는 펫샵에서 근무하게 되는데 요즘의 추세는
동물병원과 연계한 펫샵에서 소속 직원으로 근무하는 형식이
많다. 병원이나 펫샵의 규모가 크다면 직급이 나뉘어져 있겠지만
그렇지 않은 조그만 소형 병원에서는 1~2명의 애견미용사가
상주하면서 단독 업무를 수행하는 편이다.

애견미용사는 앞서 살펴본 것처럼 애완동물을 목욕시키고
클리퍼나 가위 등을 사용하여 털을 깎거나 다듬어주며 귀 청소,
발톱정리를 해주는 등 동물의 미용과 청결을 담당하는 일을 주로
담당한다.

또한 도그쇼 등 애완동물 관련 행사에 참가하는 동물들의
아름다움을 부각시키기 위한 미용도 담당해야 하기 때문에 미적
감각과 창의성을 발휘해야 하는 경우도 있기 때문에 평소에
관심을 갖고 연구해야 한다.

애완동물의 털이나 피부상태가 건강해 보이지 않거나 귀
질환이 있어 보이면 수의사에게 연락하여 적절한 치료를 받을 수
있도록 안내해주어야 하기 때문에 동물병원 직원들과의 소통도
원활해야 한다.

고객들과 주로 소통하고 응대하는 일을 맡고 있기 때문에 청결
유지와 질환 예방을 위해 고객에게 애완동물 관리법을
조언해주는 등 사교적인 성격도 요구된다.

이 밖에도 꾸준한 고객관리를 통해 애완동물의 사후관리도
지속적으로 하며 미용작업이 끝난 후에는 미용기구 세척과 청소,
정리정돈 업무도 함께 수행해야 하므로 자질구레한 일을
마다하지 않는 성실함도 필요하다.

평소 애완 동물산업이 발달한 외국의 전문서적 등을 통해
새로운 커팅스타일과 유행스타일 등을 공부해 업무에 활용하면
지명도가 높아지기 때문에 이직하더라도 고객을 자신의
소속팀으로 초대할 수 있어 자신에 대한 투자라고 생각하고
열심히 해야 한다.

　　미용작업 중에는 위생을 위해 보통 마스크와 앞치마를
착용해야 하며 작업하는 2~3시간 동안 서서 일하기 때문에
허리나 다리에 통증을 느낄 수도 있어 건강관리도 요구된다.
성격이 사납고 덩치가 큰 개나 고양이를 다룰 때 체력적으로 힘이
들 수도 있으며, 상처를 입을 위험도 있어 주의가 필요하다.
　　현재 국내에서 활동하는 애견미용사의 경우를 보면 여성들이
압도적으로 많은 것으로 조사되었다.(남자 15%, 여자 85%) 이와
같은 결과는 아무래도 애견 미용 역시 미적인 감각이 요구되는
산업 분야인데다 반려견을 데리고 동물병원을 찾아 미용을
의뢰하는 주요 고객이 주로 여성이라는 점도 적지 않은 영향을
미쳤을 것이라 추측된다.

〈취업 가능 기관 및 업종〉
　　애견미용사는 동물병원, 애견센터, 펫샵, 애견전문미용실 등에
취업할 수 있으며 어느 정도 경력을 쌓은 뒤 개인 샵을 내기도
한다.

최근 반려견 문화가 고급화 전략을 꾀하면서 실력 있는 애견미용사가 전문적이면서도 개별적으로 특별한 관리를 해주는 맞춤형 애견샵도 늘어나고 있는 추세이다. 이 경우 동물병원의 부수적인 수입으로 애견미용을 취급하는 것이 아니라 독자적인 사업 영역으로 수입을 벌어들일 수 있다는 장점이 있다.

그러나 애견미용은 단순히 가위질이나 털 말리기 등 가정에서도 할 수 있는 차원을 넘어 전문적이고 특별한 무엇이 있어야 한다. 고객은 값비싼 돈을 지불하고 동물병원이나 애견샵에서 사랑하는 자신의 반려견을 보다 건강하고 위생적이며, 아름답게 만들어줄 기대를 품고 애견미용을 의뢰하기 때문이다. 그래서 애견미용의 노하우를 익히기 위해 처음부터 사업장을 차리는 일보다는 동물병원이나 펫샵의 소속 직원으로서 애견미용 기술과, 고객 응대 방법, 사업장 운영 방법 등을 배운 뒤 자신만의 독자적인 길을 개척해 나가는 것을 추천한다.

2000년대 들어 애완동물 관련 시장은 꾸준히 성장하였으며 반려견의 경우 2010년에 의료 및 미용, 사료 및 식품, 의류 및 용품 등의 관련시장이 1.8조원 규모를 형성 하였다. 이 중 의료 및 미용 관련 시장이 전체 시장의 60%를 차지할 만큼 큰 분야여서 애완동물미용사의 고용에도 긍정적 영향을 미칠 수 있다.

대학에서도 관련학과를 통해 꾸준히 인력이 배출되고 있고 동물병원, 애완동물 미용시설 뿐 아니라 놀이 시설, 카페 등 애완동물과 함께하는 복합문화공간이 새롭게 등장하고 있어 애완동물미용사의 종사 영역도 넓어질 것으로 보인다.

우리나라의 애견미용은 클리핑 미용(단순히 위생과 청결, 관리의 용이성을 위한 미용)이 거의 대다수를 차지하고 있지만 애견의 미적인 면도 중시하는 시저링 미용(가위를 주로 사용하는 미용)에도 일반인들이 관심을 가짐에 따라 애견미용 분야의 질적 확대가 이루어지고 있다.

반려동물에 대한 관심증가, 관련학과를 통한 전문 인력 배출로 애완동물미용사의 위치도 향상되고 있고 질병이나 수의에 대한 지식, 다양한 미용견종 등 전문적인 이론을 바탕으로 더욱 체계적인 업무가 이루어지면서 애완동물미용사의 직업적인 발전이 이루어지고 있다.

　그러나 대도시의 경우 애완동물 미용 관련 시설의 경쟁도 치열한 편이고 이미 시장이 포화상태라고 보는 사람들이 많다. 또한 거의 모든 대형 마트 등에 애견미용센터가 입주를 하면서 일부 애견미용사의 고용에 기여하기도 하지만 개인이 소규모로 개업을 하는 데 어려움을 가중시키고 있다.

　애완동물미용 시장이 경기의 영향을 많이 받는 민감한 분야여서 경제 상황에 따라 애완동물미용사의 일자리에도 영향을 받을 것으로 보인다. 애완동물 미용이라는 작업은 생각보다 육체적으로 힘든 면도 있어 이 · 전직을 하는 애완동물미용사도 많은 편이다. 업체에 따라서는 경력을 가진 사람을 선호하기도 하므로 능력과 자질을 갖추도록 노력할 필요도 있다.

　만약 국내 취업보다는 해외 취업을 염두해 두고 있다면 반려견 문화가 좀 더 발달한 미국이나 유럽 등을 생각해보면 좋다. 각국마다 취업과 입국에 필요한 요건이 다르지만 주로 영어 점수나 그동안 일해 온 경력, 전문 기관을 통한 교육 이수 여부 등이 중요한 요건으로 꼽히는 것이 일반적이다.

　그러나 애견미용사는 숙련을 통한 기술직으로 받아들여지고 있기 때문에 영주권 문제까지 생각한다면 좀 더 심사숙고해 많은 준비를 해야 할 것이다. 전문적인 동물 병원의 의사 보조사로서 활동 영역을 높이기 위해 전문 과정을 수료한다거나, 적절한 이민 프로그램 등을 통해 해외 취업을 생각해볼 수도 있다.

　현재 우리나라의 반려견 문화는 고급화 전략으로 나아가고 있으면서도 동시에 반려동물에 대한 인식이 미비한 상태가

공존하는 과도기적 분위기이다. 이에 따라 애견미용사의 역할도
단순히 손기술을 지닌 직업인에만 국한하여 생각하지 말고 미용
이외에 핸들링이나 브리딩 분야를 배워 동물조련사, 반려동물
장례사 등 반려동물 관련 신종 직업 분야로 진출하는 등 좀 더
넓은 분야를 생각해 보면 좋을 것 같다.

〈보수 및 혜택〉

최근 몇 년간 한국의 애견미용사 양성 기관은 포화 상태였다.
반려견 문화에 대한 관심 증폭과 함께 애견미용사를 꿈꾸는
이들이 대거 이 시장에 뛰어들었기 때문이다. 전국 110여 군 데에
이를 정도로 팽창을 거듭하던 애견미용 학원들이 된서리를 맞을
수밖에 없었다. 애견미용사를 지나치게 많이 쏟아낸 탓이다. 그
결과 하루가 다르게 일터가 사라졌고 급여도 점점 떨어졌다.

그러나 시간이 지나면서 음지는 다시 양지가 됐다. 지금
애견미용사를 구하려면 6개월~1년을 기다려야 할 정도로 다시금
인기 직종이 되었으며 공급이 수요를 따르지 못한다. 왜냐하면
이전에 많았던 애견미용학원이 대폭 줄어들었기 때문이다.

그래서 국가적으로도 애완견 미용사 양성에 힘쓰고 있다.
고용노동부의 직업 능력개발 계좌제에 '애견미용'이 포함된
것이다. 이는 애견미용사가 되려는 구직 · 실업 남녀에게 정부가
6개월 간 200만원을 지원하는 교육 프로그램이다. 교육을 받는
데 드는 돈의 80%에 해당한다. 교통비가 따로 지급되므로 월
35만~40만 원선인 수강료 중 본인 부담은 3만원 남짓이다.

이후 수강생 자비로 6개월을 더 배워 1년 훈련 과정을 마치고
2급 자격증을 손에 쥐면 취업은 자동이다시피 하다. 애견의 메카
격인 서울에서 미용학원을 운영하는 사람들에 의하면 "굉장한
속도"라는 말로 작금의 수강생 급증 추세가 요약된다.

서울 · 경기에만 2,000곳 이상인 동물병원, 애견센터, 용품샵

등에서 일할 수 있으며 월급은 150만~200만 원을 받는다. 물론 창업을 하면 수입이 늘어나고 개인의 역량에 따라 그 차이는 엄청나게 달라질 것이다. 말하자면 고객의 수요가 부족하지는 않기 때문에 애견미용사 자신이 스스로 얼마나 노력하느냐에 따라 다르다고 할 수 있다.

현재 애견샵별로 차이는 있지만 애견미용비는 2만~3만 원대이며 애견의 종류나 미용의 수준에 따라 더 받기도 하고 덜 받기도 한다.

애견미용학원생의 80% 이상은 여성이다. 이 가운데 30%는 주부다. 그 외에 대학원 학생, 대학에서 광고를 전공한 여대생, 대입 대신 개털 깎이 기술을 택한 고교생, 사람의 헤어ㆍ네일ㆍ피부를 관리하다 살벌한 경쟁에 기겁해 개 쪽으로 눈길을 돌린 케이스 등등도 많다. 이들은 한결같이 동물을 좋아한다는 것이 공통점이다.

외국으로 나가 애견미용실을 차리려는 이민 예정자도 있다. 40만~60만 달러를 들여 미국이나 캐나다에 가게를 내면 월 5,000~6,000달러가 들어온다. 이 경우, 애견미용사가 되기 위해 국내에서는 보통 1년 동안 공부를 하는데 미주로 이민 갈 경우에는 이 정도의 수업이나 공부가 필요 없을 수도 있다. 왜냐하면 미주지역에서는 일반 애견미용 수준이 우리나라 보다 비교적 단순하고 수월하기 때문이다. 개를 목욕시키고 털을 박박 밀어주며 먹이가 덜 묻게끔 주둥이 주변 털을 다듬는 수준이라고 볼 수 있다. 하지만 전문적인 애견샵의 경우에는 미용의 차원이 달라질 수 있다.

그러나 우리나라에서는 주로 실내에서 기르는 작은개 중심이라서 일반 애견 미용 수준이 한결 고차원일 수밖에 없다.

애견미용 관련 창업

경기 침체의 영향을 거의 받지 않는 애견 미용을 포함한 관련 시장이 미래 고부가 가치 성장산업으로 주목받고 있는 것은 이미 강조해왔다. 따라서 애견미용 관련 사업은 많은 비전을 가지고 있다고 하겠다.

그러나 애견미용샵을 운영하고자 한다면 우리나라의 관련 산업상황을 고려하여 합리적인 방법을 찾아야 한다. 현재 우리나라에서는 애견미용 전문샵을 단독으로 운영하기 보다는 대개의 경우에 병원이나 펫샵과 연계하기 때문에 애견미용 만 생각할 것이 아니라 함께 연계하여 일할 수 있는 용품점이나 동물병원 등을 찾아 사업의 네트웍을 구성하여 멀티샵을 운영한다는 자세로 준비를 해야 할 것이다.

그리고 단독으로 애견미용 사업을 할 경우에 주로 애견용품점과 함께 운영하는 경우가 대다수이기에 여기에서는 애견용품점과 함께 하는 애견미용 창업의 전망을 살펴보려고 한다.

애견용품점을 운영함에 있어서 상품 판매 못지않게 전문성을 바탕으로 한 고객 상담이 중요한 비중을 차지하고 있다. 그래서 애견용품점을 겸한 창업을 준비하는 애견미용사라면 반드시 고객보다 더 높은 수준의 전문 지식과 경험을 갖춰야 한다는 것이 전문가들의 공통된 지적이다. 그런데 관련 분야에 대한 취미와 적성이 맞다면 보다 긴 안목을 가지고 차근차근하게 준비를 하여 창업한다면 안정적이고 성공 확률이 높은 사업이라고 전문가들은 말한다.

오늘날 우리 사회에서는 도시화, 핵가족화, 한 자녀 가정, 단독가정, 노인가정 증가 등으로 정신적 소외감을 느끼는 현대인들이 늘어감에 따라 동물을 통해 정신과 생활을 건강하게 유지하고자 하는 동물애호가들이 폭발적으로 늘고 있다. 물질적 풍요 이면에 감춰진 정신적 내면적 결핍을 메우기 위해 동물에 대해 예전과는 비교하기 힘들 만큼 큰 관심과 사랑을 보내고 있는

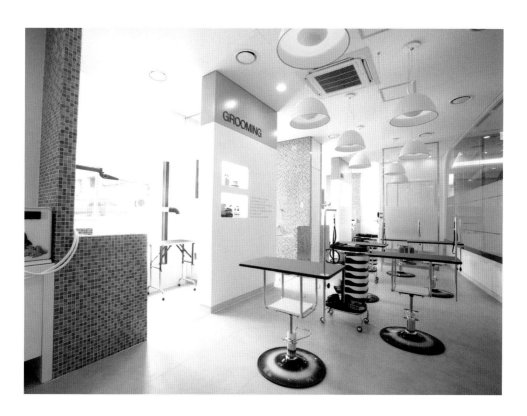

것이다.

미국과 같은 선진국에서 유행하고 있는 애견 사업으로는 애견 호텔사업, 애견 장신구 매장, 애견 훈련대행업, 애견 보험, 애견 장례업, 애견분양 전문점, 애견 카페, 애견 미용실, 차량 방문 애견 종합 서비스, 애견 전문 스튜디오 등으로 다양하게 세분화 되어 있다. 따라서 우리나라도 머지않아 애완동물 미용계가 이처럼 전문화되고 세분화 될 것으로 보며, 이때를 지금부터 충실히 준비하면 높은 경쟁력을 가지고 사업에 승부수를 띄울 수 있을 것이다.

전문가들은 애견용품점을 겸한 창업 시 가장 중점을 둬서 준비해야할 사항으로 창업자의 전문성을 첫 손가락으로 꼽는다. 애견미용에 관한 전문지식과 기술은 기본이고 창업 전 신문 및 잡지 기사, 포털 사이트 웹문서, 외국 문헌자료 등을 분석해 애완견과 애완용품에 대한 지식을 쌓아 지속적인 애견 관련 정보를 고객들에게 제공할 수 있어야 하며 사육정보, 질병 등에 대해서도 전문성을 확보해야 한다.

실제 애견용품점에서 애견용품 판매를 통해 발생하는 마진은

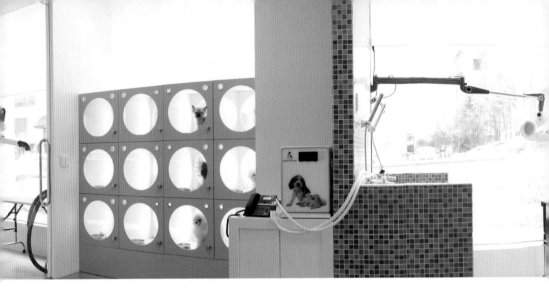

생각보다 크지 않다고 한다. 그래서 대부분 애완견을 직접
분양하기도 하는데 이를 위해 고급견이나 외국견의 종류 등에
대해서도 충분한 지식을 가지고 있어야 하고 순수 혈통의 개들을
다수 보유하는 것도 필요하다.

　다음으로 샵 내부의 청결을 유지하는 것도 중요한 문제이다.
철망, 안전망 등 기본 장비에서부터 애완견의 건강상태를
유지하기 위한 통풍, 환기, 온도조절 등에 이르기까지 고객이
신뢰감과 청결함을 느낄 수 있도록 매장 내 청결에 신경 써야
한다. 이를 위해 인근의 수의사나 동물병원과 협력관계를 맺는
것도 생각해 볼 수 있다.

　한편 상품 및 서비스에 대한 적절한 홍보 활동도 요구된다.
기본적으로 블로그, 카페, 인스타그램, 트위터, 페이스북 등
온라인에서 홍보할 수 있는 방법들을 고려해 잠재고객을 발굴해
내는 것이 필요하다.

　또 고객들을 끌어들이기 위한 다양한 마케팅 활동도 생각해볼
수 있다. 애견의 주인을 위해 출생, 결혼 등의 촬영 서비스를
실시한다거나 애견의 예방주사 맞는 날을 미리 알려주는 등
맞춤형 서비스를 제공할 수도 있으며, 사이버 묘지를 운영하는
등의 사후 고객관리를 고려해 볼 수 있다.

　결국 성공적인 애견미용샵 경영을 이뤄가기 위해선 폭넓은
전문지식을 바탕으로 좋은 종견을 확보해 수정시키는 한편, 고정
고객들을 꾸준히 매장으로 유치하는 것이 중요한 포인트이다.
애견미용은 바로 그러한 고객들을 중심으로 이루어지기

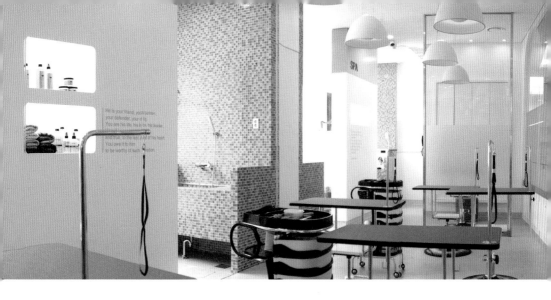

때문이다.

오늘날 애완동물을 기르는 사람들은 늘어났지만 아직
보편적으로 일반화 되지 않아 애견 미용이나 용품에 관심 있는
사람들은 특수계층이라고 봐야 한다. 따라서 애견샵은 특정
계층을 대상으로 하는 사업이라 할 수 있다. 그럼으로 창업 전
반드시 상권 분석 및 수요 예측조사가 선행돼야 한다. 일반적으로
애견용품점의 주 고객층은 도시 중산층 이상 가정, 독신남녀,
노인층 등을 꼽을 수 있기에 이들을 중심으로 한 시장조사가
있어야 한다는 것이다. 그래서 이들과의 접점 포인트가 높은
중산층 이상의 주거지역인 신도시, 대단위 아파트 밀집지의
도로변으로 상주인구가 5천 가구 이상 되는 지역, 교외의
고급주택 지역을 배후로 안고 있는 상권, 독신남녀가 많이 모여
사는 오피스텔 밀집지역 등이 창업 시 적합한 입지로 꼽힌다.
매장 규모는 8평 이상 돼야 하고 각종 위생 시설 구비에도 신경
써야 한다. 점포 임대비용을 제외한 총 창업비용은 인테리어,
초도상품 구입비 등을 포함 6,000~7,000만 원 사이다.

수익 면에 있어서는 사료, 샴푸, 액세서리 등 애견용품 판매 시
마진율은 50% 정도이고 애견 판매 마진율은 30~50% 정도이다.
그리고 애견 목욕비는 견종에 따라 10,000원에서 30,000원
사이이며, 털을 고르는 일반적 트리밍의 경우에는
20,000~35,000원 사이이며 털을 깎고 목욕을 시킬 경우에는
대개 30,000원을 넘어간다. 애견호텔 역시 1박의 경우 보통
10,000~15,000원 사이이며 장기 숙박일 경우에는 비용이

조정된다.

　다음은 구체적인 애견미용샵 창업의 점검 및 고려 사항을
요약한 것이다. 주요 사항이긴 하지만 입지 조건이나, 자격증
여부, 또 주변 환경에 따라 다양하게 변화할 수 있다는 것을
생각해야 한다. 그래서 창업을 시작하기 전에 반드시 전문가의
도움을 받고 동시에 성급하게 창업하는 것보다는 이에 따른 전문
경력을 우선 기르는 것을 잊지 말자.

〈업태의 전망과 창업 시 고려 사항〉

　향후 애견미용실 등 애완동물 관련 산업은 전문대학에
애완동물 관리학과가 신설됨에 따라 젊은 층에게 인기를 끌고
있으며, 특히 주부 등 여성층의 관심 증대로 국내 애견 수요가
지속적으로 성장추세에 있고, 인구 12명에 1명 수준으로 애견을
보유함에 따라 고속성장을 이룰 것으로 전망되고 있다.

　따라서 애견 점유율이 높은 아파트 밀집지역, 주택가, 번화가
중심으로 애견 미용전문점이 급속히 증가할 것으로 예상된다.

　■ 기술 및 지식 습득
애견미용실의 경우 애견전문미용 학원에서 약 6개월 과정의
애견전문미용사 양성과정이 개설되어 있는데 이러한 곳을
이용하여 사전에 충분한 지식과 노하우를 습득하는 것이
중요하다.
창업에 유리한 사람으로는 기존의 애견샵을 운영해 본 적이
있거나 반려견을 좋아하는 사람, 반려견 및 개농장을 보유하고
있는 사람, 가정에서 견사를 운영해 본 분이라면 도움이 된다.

　■ 인 · 허가 사항 및 관련제도
애견미용실은 업종분류상 서비스업에 속한다. 일반 미용실의

경우 현재 소재지 관할 시 · 군 · 구청에 신고해야 한다. 그러나 애견미용실의 경우 등록제로 되어 있어 신고할 필요가 없다.

■ 상권 및 입지분석
애견미용실 등 애견관련 사업 아이템은 일정 지역에 카테고리형 상가를 형성하여 영업을 하는 것을 볼 수가 있다. 물론 근방 상점에 경쟁점이 있다는 것이 매출 감소의 요인이 될 수는 있겠지만 이러한 곳에 입점할 경우 고객들에게 밀집 지역이라는 인식을 심어 주기 때문에, 더 많은 고객을 확보할 수 있으며 개별적인 홍보비용도 절약할 수 있다. 뿐만 아니라 애견산업 전반에 관한 경향과 정보를 빨리 입수할 수 있어 애견 시장 변화에 대한 대처능력을 향상 시킬 수 있어 좋은 점도 있다.

■ 사업 계획 수립 및 사업성 분석
예비창업자에게 있어서 사업계획서 작성 행위는 사업에 관련된 제반 사항 즉, 시장의 구조적 특성, 구매고객의 성격, 시장 확보의 가능성, 시장공략 방안, 적정투자규모, 자금조달 방법, 판매계획, 인력수급 계획 등 일련의 사항을 객관적 관점에서 체계적으로 기술하여 사업의 타당성을 검증하는 과정이다.
가맹점 사업자의 경우에는 애견 프랜차이즈 전문회사에 의뢰를 하거나 창업에 관련된 정보를 제공하는 업체에 의뢰하여 작성하는 방법이 있고 개별적으로는 자금, 인력, 상권, 인테리어, 점포문제 등을 해결해야 하므로 충분한 시간을 가지고 계획을 수립해야 한다.
무엇보다 애견샵은 소자본으로 창업을 할 수 있다는 점에서 철저한 준비와 계획을 세우면 한번 도전해 볼 만하다.

■ 광고 및 판촉 계획

애견미용실은 반려견을 직접적인 대상으로 하는 듯하지만
실제로는 반려견의 견주들을 고객으로 응대하는
서비스업이라는 것을 알아야 한다. 그래서 사람들을 상대하는
헤어샵이나 뷰티샵과 크게 다르지 않다. 대화를 통하여 의견을
나누고 정보를 제공하는 대상은 견주이다. 단지 작업 대상이
사람이 애견으로 바뀌었다고 생각하면 된다. 미용실에서
고객에 대한 세심한 응대와 관리가 필요하듯이
애견미용실에서도 마찬가지다. 다른 점이 있다면 고객과
애견을 동시에 만족시켜 주어야 한다는 것이다. 따라서 광고와
홍보에 있어서도 견주들의 마음을 사로잡을 수 있는 방법과
더불어 숙련된 기술로 반려견들의 위생과 건강을 살펴볼 수
있는 실력을 갖추었다는 사실을 잘 알릴 수 있는 방법을
고려해야 한다.

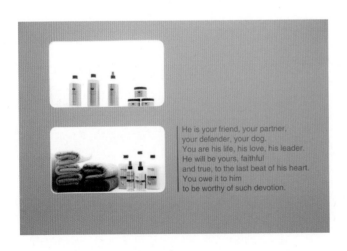

He is your friend, your partner,
your defender, your dog.
You are his life, his love, his leader.
He will be yours, faithful
and true, to the last beat of his heart.
You owe it to him
to be worthy of such devotion.

Part Three

Get a Job

애견미용사와 관련된 국가 공인 자격증은 아직 없는 실정이며 단지 민간법인 수준에서 발급하는 자격증이 있다.

이러한 자격증은 발급하는 민간단체마다 약간씩 다르기 때문에 유의할 필요가 있으며 자격증을 가지고 있고 없고는 취업 조건에 있어서 절대적인 것은 아니다. 다만 자격증을 발급한 기관과 관계되는 업체에 취업할 경우에는 당연히 도움이 될 것이다.

이러한 민간 자격증 종류에는 한국애견협회에서 발행하는 자격증과 한국애견연맹에서 발행하는 자격증이 있다.

애견미용사 자격증 종류

현재까지 모든 애견미용사 자격증은 국가에서 공인 되지 않은 민간자격증으로 단체에서 개별적으로 심사를 거쳐 발급하는데 그 종류는 다음과 같다.

〈한국애견협회 발행 자격증〉

한국애견협회에서 발행하는 자격증은 최하위급인 3급부터 2급과 1급 최상위급인 사범급으로 4종류가 있다.

- 3급

    연령이나 학력 등과 무관하게 자격증 취득을 할 수 있다.

- 2급

    3급 자격을 취득한 뒤 6개월 이상 애견 미용과 관련된 일에 종사하였거나 교육훈련을 받은 자.

- 1급

    2급 자격증을 취득하고 난 뒤 1년 이상 동안 애견미용과 관련된 일을 했거나 혹은 애견미용사 양성 기관에서 소정의 과정을 마친 자.

- 사범

    1급 자격증을 취득하고 난 뒤 3년 이상 동안 애견미용과 관련된 일을 한 사람.

〈한국애견연맹에서 발행하는 자격증〉

한국애견연맹에서 발급하는 애견미용 관련 자격증은 최하위급인 3급부터, 2급, 1급, 교사급, 사범급으로 구분되어 있다.

- 애견미용사 3급

  본 연맹 회원이며 연령 만 15세 이상으로 국내 · 외
  양성기관에서 소정의 과정을 이수한 자.

- 애견미용사 2급

  본 연맹 회원이며 연령 만 18세 이상으로 애견미용사 3급
  자격을 취득하고 실무경력이 1년 이상인 자.
  단, 본 연맹 지정 애견미용학원에서 3급 자격 취득 후
  실무경력 1년 이상 또는 이에 준하는 교육시간을 수료한
  자는 학원장의 추천에 따라 애견미용사 2급 응시자격을
  부여할 수 있다.

- 애견미용사 1급

  본 연맹 회원이며 만 20세 이상으로 애견미용사 2급 자격을
  취득하고 실무경력이 2년 이상인 자.
  단, 연맹지정학원에서 2급 자격 취득 후 12개월 이상 수료한
  자에 대해서는 1급 응시 자격이 주어짐.

- 애견미용사 교사

  본 연맹 정회원이며 만 25세 이상인 자로 애견미용사 1급
  자격을 취득하고 실무경력이 3년 이상인자.

- 애견미용사 사범

  본 연맹 정회원이며 연령 30세 이상으로 애견미용사 교사
  취득 후 3년 이상의 강사에 준하는 경력을 가지고 있으며,
  연맹 발전에 기여한 자.
  단, 애견미용사 사범의 자격검정은 서류심사로 대체한다.

실기시험 채점기준

다음은 실기에서 일반적으로 관심을 기울여야 할 주요
내용이다.

- **타입**
  타입이란 견종을 구분하게 하는 요소이다. 모델견의
  스탠다드에 의거하여 견의 합목적성을 고려하고 견이
  작업하는 지역의 지형 등을 고려하여 명확한 타입을
  미용이란 작업을 통하여 표현해 내는 것이 가장 우선이다.

- **스타일**
  모든 견은 같은 견종이라 하더라도 각기 다른 체형을 갖는다.
  이는 각 모델견마다 동일한 패턴으로 미용할 수 없음을
  의미하며 각 모델견의 체형을 분석하여 모델견의 단점은
  보완하고 장점은 더욱 승화시켜 아름다운 체형을
  만들어가야 할 것이다.

- **밸런스**
  미용작업을 마친 후 모델견의 견체 각 부위는 서로 간에
  이질감 없이 잘 어우러져 하나의 예술 작품으로 승화 되어야
  할 것 이다. 견의 각 부위는 동질감이 느껴지는 선의 형태로
  마감돼야 할 것 이고 견의 각 부위가 만나 각도가 형성되는
  곳 또한 각각 비례가 잘 이루어져 견의 체형이 아름답게
  형성되어야 할 것이다. 또한 어느 한 부위를 지나치게
  강조하여 밸런스를 해치는 일도 없어야 할 것 이다.

▲ 스탠다드 푸들 미용 심사 현장

〈한국애견협회 반려견스타일리스트 채점 기준〉

- 3급

  펫 클립과 쇼 클립을 허용한다. 트리밍 기술을 얼마나 잘
  습득 했는지가 채점의 기준이 된다. 모델 견을 다루는 능력,
  브러싱 기술과 빗질, 목욕작업, 드라잉 작업, 미용도구를
  다루는 능력, 나아가 견체의 각 부위를 정확히 표현해내는
  능력 등이 중요 채점요소이고 나아가 패턴과 밸런스를
  이해하는 능력이 있다면 더욱 좋은 점수를 획득 할 것이다.

- 2급

  펫 클립과 쇼 클립을 허용한다. 3급 이상의 모든 기술들을
  습득하여야하고 모델견의 장단점을 파악하여 완전한 패턴과
  밸런스를 만들어 내는지가 중요 채점 포인트가 된다.

- 1급

  쇼 클립만이 허용된다. 2급 이상의 모든 기술들을 습득하여야
  하고 모델견의 완벽한 표준을 이해하고 있어야 한다.

▲▼ 애견미용 대회 심사 현장

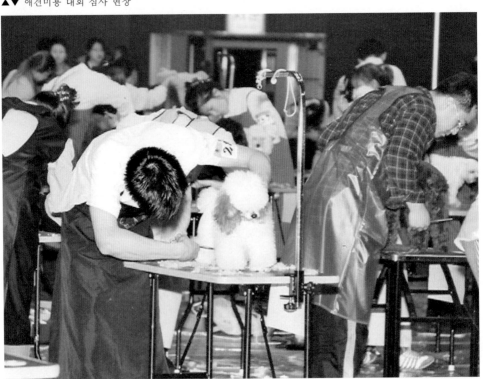

〈한국애견연맹 애견미용사 채점기준〉

■ 애견미용사 3급
기본적으로 애견미용사가 갖추어야 할 일반 상식
수준으로써 견종의 역사와 특성, 기초 수의학 및 래핑, 샴핑,
드라잉, 코밍, 그루밍 등의 애견 미용의 기초 지식/실무를
갖추어야 한다.

■ 애견미용사 2급
5개 클립 이상을 좌우자재로 미용할 수 있고 전문적인
이론과 시험관이 정하는 모델 클립에 근접하게 완성시켜
나가는 기술을 보유하고 있으며 모델견 다루는 방법과
미용사의 에티켓, 일반인들에게 미용사의 직분을 충분히
설명할 수 있는 정도의 능력을 갖추어야 한다.

■ 애견미용사 1급
모델견종에 있어 완벽한 스탠다드에 근접하고 미용을 함에
있어서 당당한 모습과 우아한 자태가 보는 이로 하여금
탄성을 자아낼 수 있는 세련된 미를 창조할 수 있는 고도의
기술을 요하며, 견체학, 번식학, 쇼 클립 등 타 견종도 눈으로
보면서 다른 각도로도 읽어 내려가는 기술을 요하는 고급
수준을 요한다.

■ 애견미용사 교사 · 사범
모델견종에 있어 완벽한 스탠다드를 창조하고 미용을 함에
있어서 당당한 모습과 우아한 자태가 보는 이로 하여금
탄성을 자아냄은 물론 예술적 가치를 지닐 수 있는 고도의
기술을 요하며, 견체학, 번식학, 쇼 클립 등의 기술에 있어서
최고급 수준을 요한다.

자격시험 채점방법

〈한국애견협회 반려견스타일리스트 자격증 시험〉

1. 목욕, 브러싱, 드라이
- 피모의 청결 상태 등 목욕 작업 불량 시 1~2점 감점
- 브러쉬, 코밍 작업 불량 시 1점 감점
- 드라이 작업 불량 시 1~2점 감점

2. 모델견의 적합성(10점)
- 모델견의 해당클립을 할 수 없을 만큼 충분하지 못한 털 길이일 경우 1~5점 감점(모델견의 해당클립을 할 수 없을 만큼 충분하지 못한 털 길이 일 경우 5점 이상 감점 할 수 있다.)
- 해당 모델견 이 갖춰야할 타입과 패턴, 밸런스 불량 시 1~3점 감점
- 모델견이 충분한 트레이닝을 거치지 않아 작업도중 불필요한 행동을 할 경우 1~2점 감점

3. 클리퍼 사용법(10점)
- 클리핑 작업 시 이메지라인, 넥라인, 풋라인, 테일라인 등의 작업 불량 시 1~6점 감점
- 뜨겁게 달궈진 크리퍼날 사용과 견에게 상해를 일으킬 수 있는 클리핑 작업 시 1~4점 감점

4. 시저링과 도구(10점)
- 각 해당 클레스로서의 시저링 테크닉 부족 시 1~5점 감점
- 견에게 상해를 일으킬 수 있는 시저링 작업 시 1~3점 감점
- 능숙하지 못한 도구의 취급 관리 시 1~2점 감점

5. 난이도, 테크닉
- 견을 충분히 통제하지 못할 시 1~5점 감점

- 견의 관절을 비트는 등 상해를 일으킬 수 있는 행동을 한 경우 1~3점 감점
- 테이블 운용 능력 부족으로 분주히 테이블을 오가며 작업을 할 경우 1~2점 감점

6. 얼굴, 두부(10점)
- 표준서에서 제시하는 견의 타입을 이해하는 능력 부족으로 두부가 올바르게 표현되지 않을 경우 1~7 점 감점
- 해당 모델견의 클럽에 적합 하지 않은 두부 형태 1~3점 감점

7. 몸통, 사지, 목, 꼬리(15점)
- 몸통에서 표준서에서 제시하는 견의 타입을 이해하는 능력 부족으로 두부가 올바르게 표현되지 않은 몸통의 형태 1~6점 감점
- 사지에서 표준서에서 제시하는 견의 타입을 이해하는 능력 부족으로 두부가 올바르게 표현되지 않은 사지의 형태 1~5점 감점
- 목 역시 표준서에서 제시하는 견의 타입을 이해하는 능력 부족으로 두부가 올바르게 표현되지 않은 목의 형태 1~2점 감점
- 꼬리는 표준서에서 제시하는 견의 타입을 이해하는 능력 부족으로 두부가 올바르게 표현되지 않은 경우 1~2점 감점

8. 패턴과 밸런스(15점)
- 패턴이라는 해당모델견이 갖는 체형을 분석하여 장점을 승화시키고 단점을 커버하는 트리밍을 해야 하나 이에 부합하지 않은 경우. 1~9점 감점
- 밸런스란 모델견 각 부위의 비율, 선과 각도를 조화롭게

일체화 시켜 보기 좋게 만들어야하나 이에 부합 하지 않은
경우. 1~6점 감점

9. 완성도(15점)
■ 모델견의 표준의 이해와 해당 모델견의 클립, 패턴, 밸런스
등을 조화롭게 맞추어 하나의 작품으로 완성 시켜야하나
이에 부합하지 않은 경우. 1~15점 감점

〈한국애견연맹 애견미용사 자격증 시험〉

1. 애견미용사 3급
■ 1차 필기시험 : 견의 역사와 특성, 그루밍의 기초 이론,
트리밍의 기초 이론, 견체학 기초, 기초 수의 위생관리학
■ 2차 실기시험 : 모델견의 작업 전 상태, 브러쉬, 미용 기술,
모델견의 완성도, 도구의 취급수준, 모델견의 취급수준
■ 합격 기준 : 필기 및 실기시험에서 각각 60점 이상을 득한 자.

2. 애견미용사 2급
■ 1차 필기시험 : 애견 클립의 이해, 그루밍의 실무 이론,
트리밍의 실무 이론, 수의 위생관리학, 견체학 기초
■ 2차 실기시험 : 모델견의 작업 전 상태, 브러쉬, 미용 기술,
모델견의 완성도, 도구의 취급수준, 모델견의 취급수준
■ 합격 기준 : 필기 및 실기시험에서 각각 70점 이상을 득한 자.

3. 애견미용사 1급
■ 1차 필기시험 : 그루밍의 고급 이론, 트리밍의 고급 이론,
견종학, 견체학, 실무 수의 위생관리학, 애완동물 개론 및
심리

■ 2차 실기시험 : 모델견의 작업 전 상태, 부라쉬, 미용 기술, 모델견의 완성도, 도구의 취급수준, 모델견의 취급수준
■ 합격 기준 : 필기 및 실기시험에서 각각 80점 이상을 득한 자.

4. 애견미용사 교사
■ 1차 필기시험 : 그루밍의 고급 이론, 트리밍의 고급 이론, 견종학, 견체학, 번식학, 심사학, 실무 수의 위생관리학
■ 2차 실기시험 : 모델견의 작업 전 상태, 브러쉬, 미용 기술, 모델견의 완성도, 도구의 취급수준, 모델견의 취급수준
■ 합격 기준 : 필기 및 실기시험에서 각각 80점 이상을 득한 자.

5. 애견미용사 사범은 서류심사로 대체

▲ 애견 창작 미용 시저링하는 중인 모습

▲애견미용 필기 시험 / ▼ 푸들 발 미용

▲▼ 푸들 시저링(가위질)

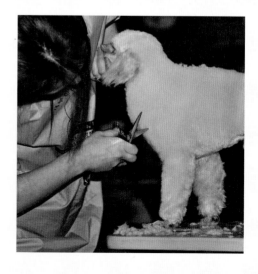

02

반려동물 미용만을 전공으로 하는 학교도 있지만 대다수의 경우에는 반려동물학과라는 보다 넓은 영역의 전문분야에서 체계적으로 공부한다.

그래서 반려동물 미용에 관심이 있다면 미용전문학교에서 공부를 하는 것도 좋지만 반려동물과 관련된 학과에서 공부할 수도 있다.

아직까지 국가가 공인하는 자격증제도가 없지만 사회적 수요를 생각할 때 조만간에 제도가 만들어질 가능성이 많다.

그리고 요즈음은 오로지 아름다움을 강조하는 미용만 고집하지 않고 건강이나 교육 등과 같은 총체적인 분야에서 인간과 더불어 건강한 생활을 누리는 쪽으로 관심이 많기 때문에 학교에서 반려동물이나 반려견에 대해 체계적으로 공부하는 것이 미래지향적인 자세일 수 있다.

반려동물과 관련된 학교 교육과정은 고등학교, 전문대학 및 대학 교육과정 등이 있다.

고등학교 교육과정

　고등학교에서는 주로 농업이나 농생명과학 계통의
특성화고등학교에서 반려동물과 관련된 공부를 할 수 있다.
그러나 고등학교에서는 반려동물 관련과에 입학을 하였다고
해도 전문과목만 공부할 수 없고 고등학교에서 공통적으로
배우는 보통교과목 즉 영어, 국어, 수학, 사회(역사/도덕 포함),
과학, 체육, 예술(음악/미술), 기술 · 가정/제2외국어/한문/교양을
배우고 그 이외에 전문교과목으로 반려동물과 관련된 과목을
배울 수 있다. 따라서 전문대학이나 일반 대학에 비하여 전문
과목을 배울 시간 수나 과목 수가 상대적으로 적다고 할 수 있다.
　또한 전공하는 과에 따라 부전공 과목도 배우는 경우가 있다.

〈특성화고등학교 반려동물 관련과의 교육 목표의 예〉
- 동물에 대한 사랑과 생명의 존엄성을 함양
- 반려동물 전문 트리머, 핸들러, 브리더, 훈련사를 양성
- 자격취득을 위한 실습위주의 교육
- 산업현장에 적응할 수 있는 현장교육
- 확고한 직업관과 윤리관을 갖춘 반려동물 산업 분야의 전문
  기술인을 양성

〈전문교과목의 예〉
　학교마다 전공하는 과에 따라 다음 중에서 교과목을
선택적으로 교육한다.

- 반려동물, 말의 이해, 동물자원, 반려동물관리기술,
  홈패션(애견의상 제작), 사육기술 I (기초), 사육기술 II (심화),
  반려동물, 실험동물, 식품 위생, 농업경영, 농업기계,
  농산물유통, 농업과 관광, 가축심사,...

<3학년 부전공 과목의 예>

　학교에 따라 선택할 수 있는 부전공이 다르다. 다음은
반려동물관리를 전공하는 과의 부전공 예이다.

- 그린인테리어 · 조경, 건설기계 운전, 제과 · 제빵,
  전자상거래 등

<취득 가능한 자격증의 예>

　애견미용사, 핸들러, 반려동물관리사, 인공수정사, 축산기능사,
생활체육지도자 3급(승마), 애견 훈련사, 브리더(번식사),
애견종합관리사

<진로 분야>

- 진학 : 대학 관련학과
- 취업 : 동물병원, 애견샵, 승마장, Pet food 회사,
  축산직공무원, 애견미용실, 애견센터, 애견훈련소,
  반려동물사육 및 번식장, 동물원 사육장, 군견훈련소,
  동물병원 간호사, 애견핸들러, 동물원 사육사, 애견관련
  프랜차이즈, 애견용품 센터, 백화점 및 대형 마트의
  애견코너, 애견 결혼 상담실 운영, 애견호텔 운영, 애견
  코디네이터, 반려동물 관련 인터넷 쇼핑몰 운영, 반려동물
  관련용품 디자인 및 제작, 기타 애견관련 산업분야

〈반려동물 관련과 개설 고등학교의 예〉

   광양하이텍고등학교 반려동물과, 광주자연과학고등학교
애완동물과, 경북자연과학고등학교 반려동물미용과,
고양고등학교 애완동물관리과, 김천생명과학고등학교
동물자원과, 김해생명과학고등학교 동물산업과,
대구보건고등학교 반려동물케어과, 발안바이오과학고등학교
레저동물산업과, 성동글로벌고등학교 반려동물케어과,
영서고등학교 동물자원과, 울산산업고등학교 반려동물과,
유성생명과학고등학교 반려동물과정, 전주생명과학고등학교
애완동물과정, 천안제일고등학교 반려동물과, 청주농업고등학교
동물자원과, 한국생명과학고등학교 스마트동물산업과,
한국펫고등학교

〈교육 목표〉

현대 생활의 도시화, 핵가족화, 노령화, 1인가구의 증가 등으로
인한 인간의 소외감을 해소하며 동물을 매개로 하는 환자의 치료
등의 분야에서 반려동물의 중요성이 부각됨에 따라 이론적
지식과 실무 능력을 갖춘 수의 간호사, 애견미용사,
반려동물관리사, 브리더, 애견훈련사 등등 유능한 전문기술인
양성을 목표로 한다.

〈주요 교과목〉

학과의 종류와 학교에 따라서 배우는 교육과정은 약간
다르지만 대략 다음과 같은 과목들을 배운다.

- 반려동물학, 반려동물관리학, 그루밍, 애견미용, 애견훈련,
  쇼핸들링, 반려동물위생학, 애견용품학, 고급미용실기,
  수의미생물학, 동물해부학, 동물생리학, 동물사양학,
  애견표준학, 기생충학, 피부과학, 동물임상병리, 동물번식학,
  동물질병학, 동물간호학, 동물영양학, 공중보건학, 임상화학,
  축산법, 환경위생관리학, 동물혈통검사법, 축산식품학,
  사료위생학, 웹디자인, 토탈코디네이션, 창업경영학

〈취득 가능한 자격증〉

반려동물관리사, 애견미용사, 수의간호사, 실험동물기사,
인공수정사, 애견훈련 및 핸들러(조련사), 반려동물심사위원,
실기교사

〈진로 분야〉

이들은 졸업 후, 군이 애견미용사가 아니더라도 크게 세 분야로
나누어 취업하거나 진로를 결정하게 된다.

먼저 반려동물분야로는 동물원, 동물조련분야, 팻샵(Pet
shop)분야, 애견 훈련소, 동물병원, 동물간호사, 반려동물 사육및
번식장, 반려동물 관련 디자인회사, 애견카페, 사료생산 및
유통분야, 애견패션산업 업체, 애견센타, 애견미용실 등이 있다.

두 번째 아무래도 반려동물 전반에 대한 학습을 하다 보니
실험동물분야로 진출하는 일도 있다. 때문에 실험동물 관련 회사,
대덕연구단지내 각종 연구소, 충북 오창바이오단지,
대학부속병원 등이 대표적이다.

끝으로 관공서 분야이다. 동물 관련 공무원, 공항 및 항만
마약탐지견, 경찰견, 농업기술센터, 농협 등에 취업해 전공 관련
지식을 업무로 전환할 수 있다.

〈애견 관련 전문대학〉

가톨릭상지대학교 반려동물과, 경남정보대학교
반려동물케어과, 국제대학교 반려동물과, 동아보건대학교
반려동물전공, 동원대학교 반려동물관리과, 대경대학교
동물사육복지과, 대덕대학교 반려동물과, 부천대학교
반려동물과, 서정대학교 반려동물과, 선린대학교 반려동물과,
수성대학교 애완동물관리과, 수원여자대학교 반려동물과,
신구대학교 애완동물과, 신안산대학교 반려동물과,
안동과학대학교 반려동물케어과, 영남이공대학교
반려동물케어과, 영진전문대학 반려동물과, 오산대학교
반려동물관리과, 용인예술과학대학 반려동물과, 우송정보대학
반려동물학부, 전주기전대학 반려동물과, 연암대학교
동물보호계열, 혜전대학교 반려동물토탈케어과,

대전과학기술대학교 반려동물과, 충청대학교 반려동물과

〈애견 관련 일반대학〉
　　동신대학교 반려동물학과, 대구대학교 반려동물산업학과,
신라대학교 반려동물학과, 원광대학교 반려동물산업학과,
중부대학교 반려동물학부, 칼빈대학교 반려동물학과

Part Four

Reference

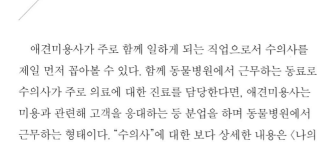

　애견미용사가 주로 함께 일하게 되는 직업으로서 수의사를
제일 먼저 꼽아볼 수 있다. 함께 동물병원에서 근무하는 동료로
수의사가 주로 의료에 대한 진료를 담당한다면, 애견미용사는
미용과 관련해 고객을 응대하는 등 분업을 하며 동물병원에서
근무하는 형태이다. "수의사"에 대한 보다 상세한 내용은 〈나의
직업 수의사〉를 참고하면 좋다.

　우선 수의사란, 동물, 특히 가축을 대상으로 하여 이들의
질병을 예방 또는 치료하는 것을 업으로 하는 의사라는 사전적
의미를 지닌다. 또 동물의 보건과 환경 위생 및 각종 질병 예방과
진료는 물론, 인수 공통 전염병의 예방과 진료를 하는 의사를
의미하기도 한다. 풀어쓰자면 수의사는 동물 내·외부기관의 질병,

장애 및 상처를 검사, 진단, 치료하고 수술하며, 동물의 분만을
돕는 역할을 담당하고 있다고 볼 수 있다. 동물병원에서 근무하는
역할 뿐만 아니라, 축산농가의 철저한 위생관리를 통해 질병을
예방하고 폐사되는 일이 없도록 방역업무를 도맡기도 한다. 이와
관련하여 교육을 실시하고 검사를 수행하며 돼지 콜레라 및
광견병 등과 같은 전염병에 대한 예방접종도 수의사가 해야 하는
업무이다.

동물의 시체를 검사하여 사인을 규명하거나 수·출입되는
가축물과 고기, 계란, 우유, 어패류 등의 안전성을 검사하고
판정하기도 하며, 동물보호 및 사육에 관하여 조언하는 사회적
책무도 있다. 가축의 품종개량 등에 대해 연구하고 개발하며,
동물을 매개체로 인간에게 전염되는 질병에 관해 연구하고 예방
및 치료에 필요한 약품에 대한 연구도 하고 있다. 경마, 승마용
말을 대상으로 약품테스트나 신체검사를 수행하며 부상당한
말을 치료한다. 동물원과 야생에서 생활하는 야생동물을
관리하고 치료한다. 검역과 방역에 대한 대책을 수립하고
시행한다.

그러나 이와 같은 모든 업무를 수의사가 공통적으로 수행하고
있는 것은 아니다. 수의사는 근무하는 곳에 따라 각각의 장소에서
필요한 서비스와 책임을 맡고 있다. 동물 애호가와 반려 동물에
대한 인기가 급증하면서 수의사에 대한 관심도 함께 높아지고
있다. 예전에 비해 수의과학대의 지원률이 높아져 고학점을
취득한 수험생들이 수의학과에 지원하는 것 역시 이러한
인기몰이의 단면이라고 할 수 있다.

하지만 동물이나 수의학과에 대한 세간의 높은 관심에도
불구하고 수의사의 일과 생활에 대해서는 그리 알려진 바가 없다.
그저 개나 고양이, 동물원의 아픈 동물들을 치료해 주는 임상
분야만이 수의사 업무의 전부인양 알려져 있다. 그러나 이러한
반려동물 임상은 수의사의 여러 가지 업무 중 하나일 뿐이다.

위에 설명한 것처럼 수의사는 반려동물의 임상뿐 아니라 소, 닭, 말, 돼지 등 산업동물의 임상과 검역, 수의 축산 정책, 공중보건, 전염병 연구, 동물 약품 개발, 야생동물 진료 및 연구, 생명공학 및 일반 기초 의학 연구에 이르기까지 수많은 분야에서 일하고 있다. 물론 각자의 근무지에서 말이다.

수의사가 하는 일이 워낙 방대하고 넓다보니 현직 수의사조차 동료 수의사들이 정확하게 무슨 일을 하는지 궁금하다고 말할 지경이라고 한다. 그만큼 동물에 대한 인식과 법률, 또 수의사의 역할과 윤리적인 기대 사항 등이 시시각각 커지고 달라지면서 업무의 활약 분야가 다양해지고 있기 때문이다.

OIE, 즉 국제수역사무국에 한국이 가입국으로 들어간 지 약 60년이 지난 지금 미국 워싱턴 주립대의 수의과대학을 졸업한 한 한국인 수의사가 OIE의 정식 직원이 된 일도 있다. 그동안 국제수역사무국에 파견된 한국인 수의사는 많이 있었으나 정식 직원으로 한국인 수의사가 고용된 것은 최근의 일이다.

또 로스쿨 출신 변호사로 학부에서 수의학을 전공한 변호사도 있다. 로스쿨법학전문석사 학위를 받은 그는 법학전문대학원 1기 출신 가운데 신규 임용한 공익법무관 66명 중 수의사 자격 취득 등의 경력을 인정받아 농림부로 배치돼 수의 전문 법률 전문가로서 근무하고 있다.

이처럼 수의사의 활동 영역은 국·내외 적으로 넓어지고 있으며 반려동물, 동물보호에 대한 인식 수준이 높아질수록 수의사가 활동할 수 있는 전문 분야가 더욱 늘어날 것으로 전망해 볼 수 있다.

펫샵(반려동물용품 산업) 운영자

　과거에는 동물병원이 주로 동물의 의료적인 진료를
담당하면서 동물이 생활하는데 필요한 용품도 동시에
판매해왔다면, 이제는 반려동물을 기르는 주인이자 고객인
대상들을 보다 전문적으로 응대하는 펫샵이 늘어나는 추세이다.
펫샵은 주로 반려동물과 관련된 식품, 약품, 용품 등을
판매하면서 비의료적인 분야에서 반려동물들의 상태를 체크하는
형태로 각광받고 있다.

　이와 같은 현상은 반려동물 산업 자체의 규모가 커지고,
자연스럽게 소비 시장이 늘어나면서 소비자들을 배려한 형태로
발전하게 되었다. 또 반려동물산업을 기본의 방식보다 좀 더
고급화하려는 전략이 소비자들에게 각광을 받으면서 전체

반려동물산업의 30%이상이 이와 같은 반려동물용품 판매점으로
몰리고 있다고 한다. 국내 반려동물 사료 및 식품 시장은 약
1,500억원 규모로 추정되고 있다.

이와 같은 형태의 펫샵은 오프라인 형태의 소상점으로 운영될
수도 있지만 주로 온라인에서 더 활발하게 운영되는 실정이다.
인터넷 쇼핑몰, 또 온라인 중심의 도소매 혼합형태의 유통망이
대표적이다. 실제 상점을 운영하는 경우 대형마트 내에 입점한
펫샵이나, 동물병원과 함께 운영되지만 층과 건물을 분리하는
형태의 펫샵, 슈퍼마켓 등 혼합형태의 상점이 있으며 독자적으로
운영되는 경우도 더러 있다.

반려동물의 사료는 원료의 품질과 가격 수준에 따라 오가닉,
홀리스틱, 슈퍼프리미엄, 프리미엄, 일반 등으로 구분되는데,
대형할인매장에서는 주로 일반 사료를 판매하며, 온라인
매장이나 반려견샵에서는 주로 프리미엄 사료를 판매했다.
동물병원이나 백화점 반려견샵에서는 주로 슈퍼 프리미엄
사료를 판매한다.

이처럼 매장 종류별로 판매하는 제품이 다른 이유는 대형
매장일수록 보급형의 상품을 판매해 보편적이면서도 많은
고객을 응대하려는 목적이 있기 때문이다.

반면 온라인은 응대하는 고객의 규모 자체는 크지만 매장
운영이나 실제적인 직원 고용 등의 부담이 적어 보다 프리미엄
사료나 용품을 많이 갖추어놓고 판매해도 위험부담이 적기
때문에 고급화 전략에 앞장서는 것으로 추측된다.

펫샵은 단순히 물건을 파는 행위만이 아니라 반려동물에 대한
정확한 이해를 바탕으로 상품에 대한 올바른 정보를 표기하고, 그
정보를 소비자에게 잘 전달해야 하는 의무를 지니고 있다. 뿐만
아니라 새롭게 개발되거나 연구가 진행 중인 상품들에 대해 보다
발 빠르게 정보들을 수집해 소비자들의 소비가 바람직한
방향으로 나아갈 수 있도록 도와야한다.

반려견 호텔 운영자

옛날에는 가정 안에서 여러 가족 구성원이 애완견을 키웠지만, 요즘은 1인 가구에서 애완견을 기르는 일이 많아 휴가를 떠나거나 며칠 출장이라도 가는 날이면 애완견을 어디에, 어떻게 맡겨야 하는지 당황스러울 수 있다. 이러한 애완견 양육 형태를 고려해 탄생한 산업이 바로 반려견(애견)호텔이다.

반려견 호텔은 주로 병원이나 펫샵과 연계되어 있다. 단기 숙박만을 목적으로 하기도 하고 개, 고양이 등의 반려동물을 며칠 동안 맡아주면서 훈련을 시키는 일도 담당한다.

동물병원에서 운영하는 호텔의 경우 병원 안에 따로 설치한 공간에서 반려동물을 관리한다. 수의사와 간호사들이 동물들의 건강상태를 항시 체크할 수 있다는 장점이 있지만, 실내공간이 좁기 때문에 대형견을 받지 않는 곳이 많다. 특히 좁은 우리에서 지내야 하기에 스트레스도 피할 수 없다. 이 때문에 주인과 떨어졌을 때 분리불안이 오거나 지나치게 짖는 개들은 병원호텔이 맞지 않을 수 있다.

비용은 천차만별이지만, 서울과 수도권 지역에서 1박에 2만(소형견)~3만 원(중형견) 수준이 보통이다.

호텔을 겸한 카페도 각광받고 있다. 반려견 호텔을 전문적으로 운영하는 곳의 경우 넓은 공간과 청결, 체계적인 서비스를 강조하고 반려견의 크기에 맞춰 다양한 크기의 객실이 마련되어 있다는 장점이 있다.

상주하고 있는 친구 견공들도 있어 친구를 사귀며 사회성도 키울 수 있고 호텔을 이용하며 미용과 훈련(유치원)을 받을 수 있어 좋다.

당연히 전문과정을 거쳐 자격증을 소지한 전문가들이 상주하며 개를 돌보아 준다.

반려견 패션 디자이너

반려견과 함께 사는 사람들이 늘어나면서 이 분야 역시 좀 더 특별하고 고급화된 전략으로 소비자들의 요구를 반영하면서 차츰차츰 전문화 되어가는 추세이다. 그렇지만 아직까지는 이렇다 할 전문 양성 기관이나 보편적인 운영 상점이 존재하는 실정은 아니다. 직접 주인들이 자신의 반려견을 위해 옷을 만들거나 반려견 커뮤니티 등을 중심으로 손재주를 발휘해 소규모로 판매를 하던 형식이 전문적인 능력을 갖춘 이들을 통해 점차 전문 판매 형식으로 바뀌어가는 추세이다.

반려견 패션 디자이너 역시 사람의 옷을 만드는 일과 크게 다르지는 않다. 아이디어를 생각하고 그 아이디어를 디자인하고 나면 제작에 필요한 원단이나 부속품을 선택하고 견본의상을 제작한다.

이렇게 만들어진 견본 옷을 직접 반려견에게 입혀 보거나 마네킹에 입혀 기능이나 디자인에 무리가 없는지를 살펴보고 실제 제작에 들어가게 된다.

이와 같은 과정에서 알 수 있듯 반려견을 위한 의상 디자인은 반려동물이 불편해 하는지를 파악하기 위한 세심한 관찰도 필요하며, 동물의 특징을 잘 파악해 결점을 커버하고 장점을 살릴 수 있는 옷을 만들 수 있는 감각 또한 뒷받침되어야 한다.

비록 사람의 옷 제작과정과 크게 다르지는 않을지라도 보통 반려견들은 종에 따라서 털 관리에 신경을 써주어야 하거나, 입으로 옷을 물어뜯는 등 특별히 무는 습성이 강한 종도 있기 때문에 신체적 특징은 물론 행동이나 심리도 잘 꿰뚫어 보아야 한다.

그래서 이 분야에서 일을 하려면 섬유의 색깔이나 패턴 등 천에 대한 기본 지식 역시 필요하다. 이와 더불어 디자인적인 사고와 감각, 그리고 안목이 필요한 셈인데, 일반적인 의류시장의 유행과는 달리 반려견 주인의 요구와 반려견들의 특징 등을 반영하는 패턴을 창의적으로 생각해 내야 한다. 무엇보다

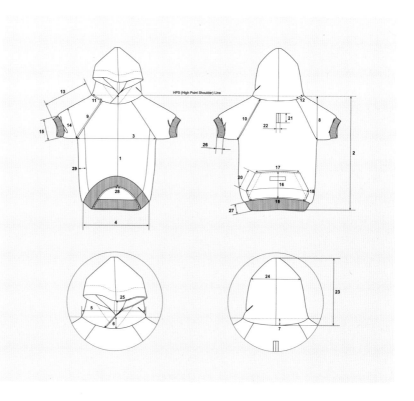

반려동물에 대한 충분한 지식이 있어야 할 것이다. 여기에는
당연히 반려동물에 대한 애정이 꼭 동반되어야 한다.

　현재까지 반려견 패션 디자이너의 수는 구체적인 수치로 나와
있지는 않다. 반려견 관련 산업이 최근 들어 급성장을 보이고
있는 새로운 산업 분야이기도 하지만, 그 안에서 또한 새롭게
창출된 직업군이 바로 디자이너이기 때문이다.

　물론 그렇기 때문에 한번쯤은 도전해 볼만한 직업으로서 더욱
매력이 있을 수 있다. 반려동물에게 패션은 동물의 본래 모습을
아름답게 가꿔주고 위생과 안전의 측면에서도 중요한 부분이다.

　일반적으로 트리밍과 펫의상실습이 주된 강의들로 이루어져
수강생들을 모집하고 있고 사람 옷을 만드는 패션디자이너와
마찬가지로 색채나 조형 강의도 공부하도록 개설된 강의들도
더러 있으므로 수시로 정보를 수집해 관련 기관이나 학교의
도움을 받는 것이 좋다.

03

브리더 정의와 하는 일

브리더는 특정 견종을 전문적으로 번식(breeding)시켜 우수 자견을 배출하는 사람을 뜻한다. 때문에 브리더는 각각의 순수 견종의 장점을 최대한 살려 견종 표준에 근접하도록 번식시키는 일을 담당하고 있다.

'애견 농장'이라 불리는 캐널(Kennel)을 운영하기도 하는데, 여기에는 여러 견종을 한번에 번식 시키는 캐널과 하나의 견종만을 전문으로 하는 캐널이 존재한다.

브리더는 특히 많은 시간과 노력이 필요한 직업이라 체계적인 공부와 인내력을 필요하는 직종이다. 번식한 강아지들을 책임지고 분양해야 하는 의무도 존재한다. 따라서 동물에 대한 사랑은 기본이고 생명을 존중하는 사고와 함께 전문지식(번식학,

수의학, 견체학, 훈련학 등)을 겸비한 사람이 도전해볼 수 있다.

깊이 있는 이론과 많은 경험이 필요하기에 브리더를 목표로
하는 이들은 동물 관련 학과에 진학하거나 관련 자격증을
취득하는 경우가 많다. 현재는 한국애견협회에서 애견브리더
자격증을 취득할 수 있다.

브리더로서 지명도를 얻기 위해서는 우수한 견종을 확보해야
한다. 따라서 견종들을 도그쇼에 출전시켜 그 우수함을 입증
시키는 일도 함께 하고 있다. 전문 브리더로 발전하기 위해서는
우수한 견종을 잘 훈련시키고, 견체와 교감을 나누면서 그들을
생명체로서 이해하려는 노력이 우선 요구 된다. 일본을 비롯한
반려견 문화의 선진국에서 대량 번식을 성공시키고 있어 앞으로
국내에서도 전망이 밝은 직종이라고 할 수 있다.

브리더 요건

　브리더의 경우 전문 양성 기관이 존재하는 것은 아니다. 본인이 반려견에 대한 애정과 관심이 있을 경우 도전해볼 수 있는 분야이다. 그러나 우수한 견종을 확보하고, 이들을 관리해 번식까지 담당해 결국 분양까지 이어지도록 하는 일을 모두 담당하는 일은 쉽지 않은 일이다. 어느 정도 수준의 경제적 요건이 뒷받침 되어야 할 것이고 견종들이 좋은 환경에서 자라날 수 있도록 물리적인 환경 역시 기본 수준 이상의 풍요로움이 요구된다.

　때문에 브리더를 고민하고 있다면 단순히 개에 대한 애정에서 출발할 것이 아니라 생명을 다루고 책임질 수 있는 정서적, 육체적, 경제적 책임감이 존재하는지 스스로에게 반문하고 또 반문하며 신중해야 할 것이다.

　그렇다면 브리더들은 어떻게 반려견을 관리하고 있을까.

　우선 좋은 견종을 고르는 방법이다. 개를 고를 때 가장 지양해야 할 것은 선입견에 의한 선택을 하지 않아야 한다는 것이다. 지나치게 작은 종자나 고급견이라고 불리우는 종자라고 할지라도 상대적으로 비싼 암컷만을 고집하는 등 사람들의 말에 휩쓸려 견종에 편견을 가지는 것은 옳지 않다.

　만약 가정에서 첫 분양을 받는 경우라면 반드시 전문가에게 자문을 구하는 것이 좋다. 일반적으로 강아지를 귀여워하는 마음은 그것이 작고 귀여운 생명체이기 때문인데 사실 개를 기르고 관리하는 일은 단순히 그러한 만족감만으로는 견딜 수 없는 어려움이 따르기 마련이다. 전문가들은 이러한 어려움에 대해 미리 조언을 건네 개를 기르며 일어날 수 있는 불필요한 사고들을 방지할 수 있도록 할 뿐만 아니라, 마음가짐에도 좀 더 책임감을 불러일으킬 수 있게 한다.

　예를 들면, 작은 강아지는 분명 앙증맞고 귀엽다. 그러나 소형견은 어릴 때일수록 키우기가 까다로우며 수컷에 비해 30% 이상 비싼 암컷은 생각보다 활발하지 않아 막상 구입한 뒤에

실망하는 경우도 적지 않다. 푸들과 요크셔 테리어의 경우 강아지와 성견의 체형이 크게 다르지 않아 구입할 때 털의 빛깔이나 모양을 잘 살펴보면 건강한 견종을 고르기 쉽지만 포메라이안, 치와와, 말티즈 등은 생후 1년만 되어도 어릴 때의 모습과 판이하게 달라지는 일이 비일비재하다. 이 경우 자칫 가벼운 마음으로 반려견을 입양했다가 실망해 파양하는 일을 벌인다면 그것보다 더 무책임한 행동은 없을 것이다.

실제로 강아지를 고를 때에는 견종에 대한 일반적인 상식을 충분히 공부해 두고 샵을 방문해야 한다. 가능하면 그 견종에 밝은 경험자를 대동하는 것이 좋으며 강아지를 고를 때엔 함께 태어난 형제들을 살펴 건강이나 생김새를 종합적으로 살펴보는 것이 좋다. 양친견, 어미견을 반드시 확인해야 하며, 애견의 건강 상태와 예방 접종 상태를 확인해야 한다. 수입견은 무조건 우수하다고 믿는 경향이 있는데 전혀 알려지지 않은 무명의 사업자가 작출한 개들도 상당수 수입되고 있기 때문에 맹목적으로 정보를 신뢰하지 않도록 해야 한다.

개의 값은 보통 개의 품질, 즉 건강과 혈통을 고려한 전반적인 사항이 우수할수록 높아지기 마련인데 그렇다고 해서 비싼 개가 반드시 좋은 개라는 편협한 사고는 버려야 한다.

그렇다면 이와 같은 과정을 거쳐 입양을 마친 뒤 브리더는 어떻게 애견을 교배할까.

날로 각박해지는 사회 속에서 애견의 혈통만을 강조하며 사육과 교배만을 목적으로 하는 소위 '업자'들도 존재하지만, 개도 분명한 생명체로서 감정을 느낄 수 있다. 즉, 이들의 교배에도 생명체로서 존중받아야 할 권리가 존재한다는 것을 잊어서는 안 된다. 즉석에서 이루어지는 인위적인 교배의 경우 개의 즐거움이나 사랑, 편의에는 아랑곳하지 않는 인간의 욕심이 오로지 돈으로만 오고가는 천박함만이 존재할 뿐이다.

따라서 훌륭한 브리더라면 개의 감정과 편의를 고려하는

교배를 할 수 있어야 하겠다. 비록 그들이 혈통을 위해 교배되는 대상일지라도 그들이 낭만과 감정, 사랑을 느끼는 '개'라는 사실을 잊지 말자.

일반적으로 교배 신청은 암캐 쪽에서 먼저 하게 된다. 교배 예정일은 암캐의 조건이나 체질에 따라 차이가 있을 수 있지만 발정 시작후 약 10~14일 사이를 최적기로 보고 있다. 교배 이전에는 임신 이후 출산과 육아시기를 고려해 적절한 교배 시기를 생각해 두어야 한다. 예를 들어 3월에 출산하면, 4~5월은 강아지를 기르기에 적합한 계절이지만 12월에 출산을 할 경우 추운 날씨에 태어난 강아지들이 혹독한 계절을 견뎌야 하는 어려움이 있을 수 있으므로 계절적 특성을 고려해 출산 후 가장 환경이 좋을 시기를 교배 시기로 선택할 수 있어야 한다.

교배료는 보통 수캐의 교배에 대한 보수로서 교배가 끝나면 암캐 쪽 브리더들이 수캐 측에 지불한다. 교배료의 액수는 시기에 따라 다르긴 하지만 대개 수캐의 번식력에 달려 있다. 교배료를 지불할 때에는 반드시 '교배 증명서'에 교배료에 대한 내용을 기재해야 한다. 교배료 지불 방법 외에 태어난 강아지를 수캐에게 주는 경우도 있지만 이 경우 강아지 선택권은 우선적으로 수캐에게 있다는 사실을 알아 두어야 한다.

이외에도 개를 기를 때 필요한 예방접종 시기와 종류, 발육상태에 대한 전문적인 점검, 개가 생활하는 공간에 대한 관리, 방역과 구충 등등 브리더가 해야 하는 일은 무척이나 까다롭고 많다는 것을 염두해 두어야 한다.

04

반려견훈련사 정의와 하는 일

반려견훈련사가 필요해진 이유는 인간과 개가 함께 살아가는 환경의 변화 때문이라고 볼 수 있다. 예전에는 개는 마당에서 뛰놀고 넓은 초원을 자유롭게 다니면서 자신들의 본성인 달리기, 물기, 짖기 등을 자유롭게 해도 괜찮았지만 오늘날에는 가정 안에서 개를 키우게 되면서 소음 문제가 파양으로까지 이어지는 심각한 문제가 되었다. 즉, 개의 본성을 존중해주고 싶지만 함께 살기 위해서는 어쩔 수 없이 개를 교육하고 훈련시켜 인간 생활에 적응 시키는 일이 불가피해졌기 때문이다.

특히 덩치가 큰 개들은 뛰거나 짖는 강도가 소형견들에 비해 크기 때문에 견주가 개를 제대로 관리하지 못한다면 자신은 물론 주변인들에게도 피해를 끼칠 수밖에 없다. 또 견주가 잘못된 훈육

방식으로 개를 훈육하는 바람에 성격과 행동에 문제가 생기는
경우도 많다. 단순히 개를 귀엽다는 이유로 입양 시키는 세태도
이러한 문제들을 양성하게 된다. 하지만 개는 비교적 영민하고
사람과도 친화력이 좋은 동물이기 때문에 바른 훈련법을
거친다면 인간과 생활하는데 있어 큰 문제없이 지낼 수 있다.이에
따라 개를 전문적으로 훈련시키는 훈련사라는 직업이 등장하게
되었다.

　　사실 반려견훈련사라는 이름으로 불리우는 이 직종은
애견미용사나 핸들러처럼 스포트라이트를 받는 사람들은 아니다.
개와 함께 자고, 개와 함께 먹고, 모든 굳은 일을 도맡아 하며
개의 심리를 파악하여 무리 없이 개를 원하는 기술의
습득(스킬)을 시킬 수 있다. 따라서 반려견훈련사가 되기
위해서는 반려견훈련소에 입소하여 합숙생활을 하는 것이 가장
빠른 길이다. 하지만 안타깝게도 이들은 기술을 전수한다는 명목
때문인지 견습인으로 대우 받으며 급여를 지급받을 수 없다.
열심히 개와 생활한다면 어느 순간 개의 심리가 파악이 되고 개를
조정할 수 있게 되지만 열정만으로는 버티기 힘든 직업이다.
대략적으로 반려견훈련소에 입소 후 1년 정도면 3등 자격증
시험에 도전할 수 있다.

　　그렇다면 훈련소에 입소한 훈련견들은 어떤 교육을 받게 될까.
훈련소에 입소한 연유에 따라 특별한 관리가 필요하겠지만 보통
규칙적인 생활을 하면서 견주에게 충성심을 가질 수 있도록 하는
사회성을 기르는 프로그램을 이수 받게 된다. 여기서
특수목적견을 관리하는 훈련에 대한 언급은 위의 특수목적견
훈련 과정으로 갈음하니 참고하길 바란다.

　　훈련사는 보통 100여일을 기준으로 개주인과 계약을 맺어
개들을 맡아 기르며 훈련시키게 된다. 업무는 크게 3단계로
나뉘어져 있다.

© Luca Tatobetti

■ 제 1단계(친화과정)

트레이너와 개가 서로 친해지는 과정. 이 기간은 약 보름에서
한달 정도. 트레이너는 개의 성격과 질병 유무를 판단한다.

■ 제 2단계(복종과정)

본격적인 훈련과정이 이루어지는 시기. 기간은 약 3개월
정도. 대소변을 가리는 훈련과 함께 주인의 명령을 알아듣는
훈련이 시작된다.

■ 제 3단계(기본과정)

고도의 훈련이 반복되는 보다 전문적인 훈련기간으로 보통
3개월 정도 훈련한다.

보통 반려견들은 1, 2단계의 훈련만으로도 충분히 주인의 말을
알아듣고 그대로 행동할 수 있다. 1, 2단계는 일반 반려견을 위한
과정이다. 이 외에도 개를 씻겨주고 털을 다듬어주는 등의
미용분야도 함께 다루게 된다. 개의 습관을 살펴보고 편식 같은
나쁜 습관을 고쳐주기도 한다. 또한 개가 병에 걸렸을 경우에는
수의사와 상의하여 치료를 돕는 과정도 포함된다.

사실상 애견훈련사는 현재보다 미래의 전망이 더 밝은
직업이라고 할 수 있다. 아직까지는 구체적인 양성기관이나,
뚜렷한 급여가 없기 때문에도 그렇다. 여기에는 자격증을 가지고
활동하는 전문적인 애견훈련사가 부족한 사실도 문제가 되고

있다. 현재 우리나라에서 정식적으로 자격증을 가지고 활동하는
반려견훈련사의 수는 100여명 정도에 불과하다. 이들은
한국애견협회에서 발급한 반려견훈련사 자격들을 가지고 있으며,
아직까지 국가에서 발급하는 자격증은 존재하지 않는다.

앞서 설명했지만 훈련소에서 애견 훈련방법을 배우면서
경력을 쌓으려는 경우, 월급이라는 개념은 없다. 오히려
교육기관동안 훈련생의 생계를 돕는다는 의미에서 약간의
훈련수당을 받는 정도이다. 이때 액수는 약 25만 원에서 30만 원
선 이지만 자격증을 따고 나면 수입은 올라간다. 3등 훈련사의
경우 50만 원 이상의 수입을 얻을 수 있으며 2등 훈련사의
경우에는 80 만 원 가량의 수입을 기대할 수 있고, 1등 훈련사의
경우 100 만 원 이상의 수입이 가능하다. 그러나 역시 전문
직업인으로서는 터무니없이 적은 금액이 아닐 수 없다. 반려견
문화가 아직까지 과도기에 놓여 있는 한국의 정서적 온도가 이와
같은 처우에도 적지 않은 영향을 미쳤으리라 추측한다. 즉,
전문인을 양성하고 이들에게 적절한 보수를 지급하는 선진적인
문화가 자리잡기 이전에 반려견주들의 인구는 계속해서
늘어나고 이들을 응대할 수 있는 시스템과 전문인 양성기관은
턱없이 부족한데, 단순히 이익에 목적을 둔 영업인들이 활개를
치고 있는 것이다. 따라서 전문 직업인으로서 반려견훈련사를
생각하고 있다면 이와 같은 문제점을 개선할 수 있는 방안까지도
고려하면서 꿈을 정착해 나가야 할 것이다.

반려견 훈련 종류

현재 한국에는 애견훈련소, 애견학교, 애견행동심리센터 등으로 불리는 훈련소들이 존재한다. 모두 애견의 문제적 행동을 개선하고 인간과 함께 생활하는데 불편함을 최소화하거나 긍정적인 방향으로 개선하는 데 목적을 두고 운영된다.

또 이처럼 본격적인 형태의 훈련소가 아니더라도 요즘은 동물병원 내에 애견학교를 운영하면서 도심속에서 반려견들의 생활 습관을 바로잡는 소규모 단위의 반려견 훈련 프로그램도 존재한다.

교육비용은 크게 가정견과 경기를 준비하는 대형견들 도그쇼를 준비하는 개들, 장기 위탁 등으로 나누어 지불받고 있다. 최소 1개월에서 장기적으로는 12개월까지 훈련을 거치기 때문에 각 과목을 훈련할 때마다 비디오 촬영을 하는 조치도 이루어진다.

훈련소에서 가정견을 훈련할 때 사용하는 훈련에는 다음과 같은 내용이 포함되는데 바람직한 형태를 습득한다면 가정에서 직접 훈련해볼 수도 있다.

<반려견 훈련 방법>

구분	훈련 방법
돌아	"따라"라고 명령하며 애견이 주인의 바깥쪽(오른쪽)으로 돌며 방향을 전환할 때 "돌아"라고 명령한다.
뒤로	"뒤로"라고 명령하며 애견이 주인의 안쪽(왼쪽)으로 돌며 방향을 전환할 때나 애견이 주인보다 앞서서 걸으려 할때 "뒤로"라고 명령하며 돌아 주면 좋은 효과를 볼 수 있다.
앉아	목줄을 위로 살짝 당기거나 또는 먹이로 시선을 위로 향하도록 유도하며 "앉아"라고 명령한다. (이 때 애견이 정좌로 앉지 않고 비틀어 앉은경우에는 "안돼"라고 하며 한발 앞으로가서 다시 명령하여 정좌로 유도한다.)
엎드려	목줄을 아래로 당기거나 먹이를 시선의 아래로 내리면서 "엎드려"라고 명령하며 애견의 배와 앞발꿈치가 바닥에 완전히 닿도록 한다.
쉬어	① 좌로 쉬어 - "엎드려"상태에서 애견의 좌측의 허리 부분을 향해 오른손으로 살짝 가리키며 "좌로쉬어"라고 명령을 한다. ② 우로 쉬어 - 위와 같은 방법으로 애견의 우측허리 부분을향해 왼손으로 가리키며 "우로쉬어"라고 명령하며 이자세는 애견이 가장 편안하게 장시간 있을 수 있는 자세이므로 장시간을 기다려야 할 때 쓰면 좋은 명령어이다.
기다려	애견에게 "서" 또는 "앉아,엎드려" 상태의 정지 동작중 오른손을 애견의 시선에 고정시켜 강한 명령어로 "기다려"라고 명령하며 목줄을 톡! 당겨준다. (이 때 애견이 주인에게 집중하지 않을때 명령하면 의사전달이 제대로 되지 않을 수 있으니 확실히 애견의 시선을 집중하게 하고 명령하며 처음에는 가까운 거리부터 정확하게 명령하고 점점 거리를 늘려가는 것이 좋다. "기다려"를 명령하고 끝낼때에는 애견이 기다리던 장소로 돌아와서 데려가는 것이 중요하며 기다리는 애견을 불러서 오게하는 것은 좋은 방법이 아니며, 애견이 실수로 일어 났을 때는 그 장소로 다시 데려가 다시금 "기다려" 명령을 인지 시켜준다.)
의자위에 올라가기	의자나 쇼파등의 전방 50cm이상 거리에서 목표물을 손으로 가리켜 애견에게 인지 시킨 후 "올라가" 명령하며 목줄을 위로 살짝 당겨준다. (이 때는 주인과의 호흡이 중요하며 목표물에 올라간 후에는 바로 내려 오는 것보다 "앉아" 또는 "엎드려"등을 시킨 후 "기다려"훈련을 병행하는 것이 좋다.)
뛰어(점프)	높은 수직 장애물을 넘을때 애견에게 목표물을 인지시킨 후 50cm ~ 1m 앞에서 "뛰어"라고 명령하며 목줄을 살짝 위로 당겨준다.

구분	훈련 방법
넘어	계단 또는 A자 장애물을 넘어서 통과하는 훈련이며 목표물을 인지시킨 후 50cm ~ 1m 앞에서 "넘어"라고 명령하며 한발 한발 넘을 수 있도록 차분하게 걸어간다.
악수(손)	"앉아" 상태에서 주인과 마주 보며 왼손, 오른손을 번갈아 "손" 또는 "악수"라고 명령하며 악수할 손을 살짝 쳐서 애견이 손을 올리면 받아주며 칭찬해준다. (이 때 목줄은 악수 할 손의 반대편으로 잡고 있는 것이 애견에게 편안한 자세라 할 수 있다.)
먹지마 (거식훈련)	음식물을 애견의 앞에 놓기전 "안돼! 기다려"라고 강하게 명령하며 목줄을 가볍게 톡 쳐주며 애견이 기다리는 것을 확인한 후 음식물을 내려놓고 "옳치! 먹어"라고 명령한 후에 애견이 음식물을 먹을 수 있도록 한다.
하우스 (집에 들어가)	애견이 들어가야 할 집을 우선 확실히 인지 시키고 좋아하는 먹이나 장난감을 집안에 살짝 넣어 주거나 "하우스"라고 명령하며 애견을 집안으로 유도하여 준다. (이 때 처음에는 집 바로 앞 가까운 곳부터 시작하여 점점 거리를 두어 "하우스"라는 명령을 인지시켜주는 것이 좋다.)
누워	"좌로 쉬어"또는 "우로 쉬어"를 시킨 상태에서 목줄은 지면으로 살짝당기면서 손으로 애견의 얼굴의 옆면이 지면에 닿도록 살짝 눌러 주며 "누워"라고 명령한다.
기어	"엎드려"를 시킨 상태에서 애견과 마주보면서 목줄을 앞으로 조금씩 당기면서 "기어"라고 명령하며 천천히 앞으로 이동하되, 애견이 엉덩이가 들리지 않게 주의한다.
굴러	① 좌로 굴러 - 누워 상태에서 애견과 마주보고 앞다리를 살짝 넘겨준 다음 반대방향으로 신속히 이동하며 "좌로 굴러"라고 명령한다. ② 우로 굴러 - "좌로 굴러"의 반대 방향인 우측으로 유도하며 "우로 굴러"라고 명령한다.
차렷	"앉아, 기다려"상태에서 애견의 옆면이나 뒤편에서 목줄을 위로 살짝 들어주고 앞가슴을 부드럽게 쓰다듬어주며 "차렷"이라고 명령한다. (이 때 유의할 점은 목줄을 과도하게 당기면 자세가 흐트러질 수 있으므로 적당하게 들어준다.)
가져와	공이나 애견이 가져와야 할 물건을 애견에게 냄새나 모양을 인식하게 하여 먼저 알려 준 다음 애견이 바라보는 가까운 거리에 던지거나 놓아둔 다음 "가져와"라고 명령한다. 가까운 거리에서 숙달되게 한 다음 거리를 점점 늘려가는 것이 좋다.

반려견훈련사 자격 및 전망

반려견훈련사 자격증은 사단법인인 한국애견연맹과
한국애견협회로부터 취득한 견 훈련 자격증에 한하고 있다.
훈련사는 다음과 같은 자격 분류를 두고 있다.

- **3등 훈련사**
  애견협회 특별회원으로 훈련분야에 2년 이상의 실무 경험이
  있는 자로 훈련소 소장, 훈련 심사위원 1명의 추천을 받은 자.

- **2등 훈련사**
  3등 훈련사 자격을 취득하고 2년 이상 훈련소 또는 그와
  유사한 실무 경험을 가진 자.

- **1등 훈련사**
  애견협회 2등 훈련사 자격을 취득하고 3년 이상 훈련사 또는
  그와 유사한 실무 경험을 가진 자.

자격증 이외에도 현재 국내 반려동물에 관련된 수업이나
학과가 개설된 학교는 전국에 고등학교가 약 12개가 있고,
전문대와 4년제 대학교는 약 20여개 학교가 존재하고 있다. 또한
현재 석사학위의 과정은 개설되어 있으며 박사학위도 앞으로
개설될 예정에 있다. 그리고 애견카페, 애견호텔, 애견전문
테마파크 등의 조성으로 인하여 애견 관련 전문 인력들을
사회에서 요구하고 있는 실정이므로 다양한 분야에서 먼저 실무
경험을 쌓은 뒤 자격증 또는 훈련소에서 근무해도 좋다.
이러한 자격증을 가지고 애견심리상담사, 스포츠마사지사,
아로마테라피, 동물톡, 애견유치원, 찾아가는 서비스 등 최근
생겨나고 있는 새로운 분야의 직업군에서 활약해볼 수 있다.
애견훈련사는 생각보다 정신적, 육체적으로 힘든 직업이다
보니 꾸준히 일을 할 수 있는 끈기가 있어야 한다. 이 일을 모르는

사람들에게 표면적으로는 화려하고 예쁜 겉면만 보이겠지만, 실질적으로 기본적인 애견들의 생활부터 보살펴야 하기 때문에 일의 어려움이 많이 따른다. 훈련소에서는 한두 마리의 애견이 있는 것이 아니기 때문에 여러 마리의 애견을 다루어야 한다. 또한 애견들의 눈높이에 맞추어 계속 앉고 일어나는 일을 반복해야 하니 훈련사들은 대체적으로 허리가 안 좋아진다. 이처럼 신체적 고통도 따르는 직업이다.

또 훈련사들의 정신적인 스트레스도 만만치 않다. 평소 청결한 개인 집에서 애지중지하며 기르던 환경에서 집단사육을 하는 훈련소에 데리고 오면 환경의 변화나 스트레스로 인해 애견들의 건강문제가 발생하는 등 여러 가지 문제가 발생한다. 하지만 애견들의 상태가 안 좋아지면 훈련소의 환경을 이해하지 못한 고객들의 불만이 발생하기 때문에 훈련사들이 애를 먹는 경우가 있다.

고객들은 훈련소를 다녀와서 애견이 모든 행동을 올바르게 할 것이라고 생각하는 오해가 있다. 훈련이 최대한의 효과를 보기 위해서 고객들도 애견을 다루는 방법에 대해 같이 교육을 들어야만 한다. 간혹 훈련을 다 받았다고 하더라도 주인이 올바르게 애견을 다루지 못한다면 교육한 부분을 잊어버리는 경우가 있다. 하지만 대부분의 고객들이 애견들만 훈련을 받으면 모든 교육이 끝난다고 생각하기 때문에 교육 이후에 불만을 표시할 때가 있다. 이러한 과정에서 애견훈련사들은 동물뿐만 아니라 사람에게서 받는 어려움이 많다.

이렇듯 여러 가지 육체적인 고통과 정신적인 스트레스로 인해 3년 안에 일을 그만두는 일이 많다. 하지만 3~5년 경력자의 경우 연봉은 약 3600만 원 정도로 급여가 오르고 있기 때문에 이러한 어려움 속에서도 묵묵히 일을 할 수 있는 끈기가 있어야 한다.

제1조(목적)

이 법은 동물에 대한 학대행위의 방지 등 동물을 적정하게 보호·관리하기 위하여 필요한 사항을 규정함으로써 동물의 생명보호, 안전 보장 및 복지 증진을 꾀하고, 건전하고 책임 있는 사육문화를 조성하여, 동물의 생명 존중 등 국민의 정서를 기르고 사람과 동물의 조화로운 공존에 이바지함을 목적으로 한다.

제2조(정의)

이 법에서 사용하는 용어의 뜻은 다음과 같다.

1. "동물"이란 고통을 느낄 수 있는 신경체계가 발달한 척추동물로서 다음 각 목의 어느 하나에 해당하는 동물을 말한다.

　　가. 포유류

나. 조류

다. 파충류 · 양서류 · 어류 중 농림축산식품부장관이 관계 중앙행정기관의 장과의 협의를 거쳐 대통령령으로 정하는 동물

1의2. "동물학대"란 동물을 대상으로 정당한 사유 없이 불필요하거나 피할 수 있는 신체적 고통과 스트레스를 주는 행위 및 굶주림, 질병 등에 대하여 적절한 조치를 게을리하거나 방치하는 행위를 말한다.

1의3. "반려동물"이란 반려(伴侶) 목적으로 기르는 개, 고양이 등 농림축산식품부령으로 정하는 동물을 말한다.

2. "등록대상동물"이란 동물의 보호, 유실 · 유기방지, 질병의 관리, 공중위생상의 위해 방지 등을 위하여 등록이 필요하다고 인정하여 대통령령으로 정하는 동물을 말한다.

3. "소유자등"이란 동물의 소유자와 일시적 또는 영구적으로 동물을 사육 · 관리 또는 보호하는 사람을 말한다.

3의2. "맹견"이란 도사견, 핏불테리어, 로트와일러 등 사람의 생명이나 신체에 위해를 가할 우려가 있는 개로서 농림축산식품부령으로 정하는 개를 말한다.

4. "동물실험"이란 「실험동물에 관한 법률」 제2조제1호에 따른 동물실험을 말한다.

5. "동물실험시행기관"이란 동물실험을 실시하는 법인 · 단체 또는 기관으로서 대통령령으로 정하는 법인 · 단체 또는 기관을 말한다.

제3조(동물보호의 기본원칙)

누구든지 동물을 사육 · 관리 또는 보호할 때에는 다음 각 호의 원칙을 준수하여야 한다.

1. 동물이 본래의 습성과 신체의 원형을 유지하면서 정상적으로 살 수 있도록 할 것

2. 동물이 갈증 및 굶주림을 겪거나 영양이 결핍되지 아니하도록 할 것

3. 동물이 정상적인 행동을 표현할 수 있고 불편함을 겪지 아니하도록 할 것

4. 동물이 고통 · 상해 및 질병으로부터 자유롭도록 할 것

5. 동물이 공포와 스트레스를 받지 아니하도록 할 것

제4조(국가 · 지방자치단체 및 국민의 책무)

① 국가는 동물의 적정한 보호 · 관리를 위하여 5년마다 다음 각 호의 사항이 포함된 동물복지종합계획을 수립 · 시행하여야 하며, 지방자치단체는 국가의 계획에 적극 협조하여야 한다.

  1. 동물학대 방지와 동물복지에 관한 기본방침

  2. 다음 각 목에 해당하는 동물의 관리에 관한 사항

    가. 도로 · 공원 등의 공공장소에서 소유자등이 없이 배회하거나 내버려진 동물(이하 "유실 · 유기동물"이라 한다)

    나. 제8조제2항에 따른 학대를 받은 동물(이하 "피학대 동물"이라 한다)

  3. 동물실험시행기관 및 제25조의 동물실험윤리위원회의 운영 등에 관한 사항

4. 동물학대 방지, 동물복지, 유실·유기동물의 입양 및 동물실험윤리 등의 교육·홍보에 관한 사항

5. 동물복지 축산의 확대와 동물복지축산농장 지원에 관한 사항

6. 그 밖에 동물학대 방지와 반려동물 운동·휴식시설 등 동물복지에 필요한 사항

② 특별시장·광역시장·도지사 및 특별자치도지사·특별자치시장(이하 "시·도지사"라 한다)은 제1항에 따른 종합계획에 따라 5년마다 특별시·광역시·도·특별자치도·특별자치시(이하 "시·도"라 한다) 단위의 동물복지계획을 수립하여야 하고, 이를 농림축산식품부장관에게 통보하여야 한다.

③ 국가와 지방자치단체는 제1항 및 제2항에 따른 사업을 적정하게 수행하기 위한 인력·예산 등을 확보하기 위하여 노력하여야 하며, 국가는 동물의 적정한 보호·관리, 복지업무 추진을 위하여 지방자치단체에 필요한 사업비의 전부나 일부를 예산의 범위에서 지원할 수 있다.

④ 국가와 지방자치단체는 대통령령으로 정하는 민간단체에 동물보호운동이나 그 밖에 이와 관련된 활동을 권장하거나 필요한 지원을 할 수 있다.

⑤ 모든 국민은 동물을 보호하기 위한 국가와 지방자치단체의 시책에 적극 협조하는 등 동물의 보호를 위하여 노력하여야 한다.

제5조(동물복지위원회)

① 농림축산식품부장관의 다음 각 호의 자문에 응하도록 하기 위하여 농림축산식품부에 동물복지위원회를 둔다.

1. 제4조에 따른 종합계획의 수립·시행에 관한 사항

2. 제28조에 따른 동물실험윤리위원회의 구성 등에 대한 지도·감독에 관한 사항

3. 제29조에 따른 동물복지축산농장의 인증과 동물복지축산정책에 관한 사항

4. 그 밖에 동물의 학대방지·구조 및 보호 등 동물복지에 관한 사항

② 동물복지위원회는 위원장 1명을 포함하여 10명 이내의 위원으로 구성한다.

③ 위원은 다음 각 호에 해당하는 사람 중에서 농림축산식품부장관이 위촉하며, 위원장은 위원 중에서 호선한다.

1. 수의사로서 동물보호 및 동물복지에 대한 학식과 경험이 풍부한 사람

2. 동물복지정책에 관한 학식과 경험이 풍부한 자로서 제4조제4항에 해당하는 민간단체의 추천을 받은 사람

3. 그 밖에 동물복지정책에 관한 전문지식을 가진 사람으로서 농림축산식품부령으로 정하는 자격기준에 맞는 사람

④ 그 밖에 동물복지위원회의 구성·운영 등에 관한 사항은 대통령령으로 정한다.

제6조(다른 법률과의 관계)

동물의 보호 및 이용·관리 등에 대하여 다른 법률에 특별한 규정이 있는 경우를 제외하고는 이

법에서 정하는 바에 따른다.

제7조(적정한 사육ㆍ관리)
① 소유자등은 동물에게 적합한 사료와 물을 공급하고, 운동ㆍ휴식 및 수면이 보장되도록
노력하여야 한다.
② 소유자등은 동물이 질병에 걸리거나 부상당한 경우에는 신속하게 치료하거나 그 밖에 필요한
조치를 하도록 노력하여야 한다.
③ 소유자등은 동물을 관리하거나 다른 장소로 옮긴 경우에는 그 동물이 새로운 환경에 적응하는
데에 필요한 조치를 하도록 노력하여야 한다.
④ 제1항부터 제3항까지에서 규정한 사항 외에 동물의 적절한 사육ㆍ관리 방법 등에 관한 사항은
농림축산식품부령으로 정한다.

제8조(동물학대 등의 금지)
① 누구든지 동물에 대하여 다음 각 호의 행위를 하여서는 아니 된다.
　1. 목을 매다는 등의 잔인한 방법으로 죽음에 이르게 하는 행위
　2. 노상 등 공개된 장소에서 죽이거나 같은 종류의 다른 동물이 보는 앞에서 죽음에 이르게 하는
　행위
　3. 고의로 사료 또는 물을 주지 아니하는 행위로 인하여 동물을 죽음에 이르게 하는 행위
　4. 그 밖에 수의학적 처치의 필요, 동물로 인한 사람의 생명ㆍ신체ㆍ재산의 피해 등
　농림축산식품부령으로 정하는 정당한 사유 없이 죽음에 이르게 하는 행위
② 누구든지 동물에 대하여 다음 각 호의 학대행위를 하여서는 아니 된다.
　1. 도구ㆍ약물 등 물리적ㆍ화학적 방법을 사용하여 상해를 입히는 행위. 다만, 질병의 예방이나
　치료 등 농림축산식품부령으로 정하는 경우는 제외한다.
　2. 살아 있는 상태에서 동물의 신체를 손상하거나 체액을 채취하거나 체액을 채취하기 위한
　장치를 설치하는 행위. 다만, 질병의 치료 및 동물실험 등 농림축산식품부령으로 정하는 경우는
　제외한다.
　3. 도박ㆍ광고ㆍ오락ㆍ유흥 등의 목적으로 동물에게 상해를 입히는 행위. 다만, 민속경기 등
　농림축산식품부령으로 정하는 경우는 제외한다.
　3의2. 반려동물에게 최소한의 사육공간 제공 등 농림축산식품부령으로 정하는 사육ㆍ관리 의무를
　위반하여 상해를 입히거나 질병을 유발시키는 행위
　4. 그 밖에 수의학적 처치의 필요, 동물로 인한 사람의 생명ㆍ신체ㆍ재산의 피해 등
　농림축산식품부령으로 정하는 정당한 사유 없이 신체적 고통을 주거나 상해를 입히는 행위
③ 누구든지 다음 각 호에 해당하는 동물에 대하여 포획하여 판매하거나 죽이는 행위, 판매하거나
죽일 목적으로 포획하는 행위 또는 다음 각 호에 해당하는 동물임을 알면서도 알선ㆍ구매하는
행위를 하여서는 아니 된다.

1. 유실 · 유기동물

2. 피학대 동물 중 소유자를 알 수 없는 동물

④ 소유자등은 동물을 유기(遺棄)하여서는 아니 된다.

⑤ 누구든지 다음 각 호의 행위를 하여서는 아니 된다.

1. 제1항부터 제3항까지에 해당하는 행위를 촬영한 사진 또는 영상물을 판매 · 전시 · 전달 · 상영하거나 인터넷에 게재하는 행위. 다만, 동물보호 의식을 고양시키기 위한 목적이 표시된 홍보 활동 등 농림축산식품부령으로 정하는 경우에는 그러하지 아니하다.

2. 도박을 목적으로 동물을 이용하는 행위 또는 동물을 이용하는 도박을 행할 목적으로 광고 · 선전하는 행위. 다만, 「사행산업통합감독위원회법」 제2조제1호에 따른 사행산업은 제외한다.

3. 도박 · 시합 · 복권 · 오락 · 유흥 · 광고 등의 상이나 경품으로 동물을 제공하는 행위

4. 영리를 목적으로 동물을 대여하는 행위. 다만, 「장애인복지법」 제40조에 따른 장애인 보조견의 대여 등 농림축산식품부령으로 정하는 경우는 제외한다.

제9조(동물의 운송)

① 동물을 운송하는 자 중 농림축산식품부령으로 정하는 자는 다음 각 호의 사항을 준수하여야 한다.

1. 운송 중인 동물에게 적합한 사료와 물을 공급하고, 급격한 출발 · 제동 등으로 충격과 상해를 입지 아니하도록 할 것

2. 동물을 운송하는 차량은 동물이 운송 중에 상해를 입지 아니하고, 급격한 체온 변화, 호흡곤란 등으로 인한 고통을 최소화할 수 있는 구조로 되어 있을 것

3. 병든 동물, 어린 동물 또는 임신 중이거나 젖먹이가 딸린 동물을 운송할 때에는 함께 운송 중인 다른 동물에 의하여 상해를 입지 아니하도록 칸막이의 설치 등 필요한 조치를 할 것

4. 동물을 싣고 내리는 과정에서 동물이 들어있는 운송용 우리를 던지거나 떨어뜨려서 동물을 다치게 하는 행위를 하지 아니할 것

5. 운송을 위하여 전기(電氣) 몰이도구를 사용하지 아니할 것

② 농림축산식품부장관은 제1항제2호에 따른 동물 운송 차량의 구조 및 설비기준을 정하고 이에 맞는 차량을 사용하도록 권장할 수 있다.

③ 농림축산식품부장관은 제1항과 제2항에서 규정한 사항 외에 동물 운송에 관하여 필요한 사항을 정하여 권장할 수 있다.

제9조의2(반려동물 전달 방법)

제32조제1항의 동물을 판매하려는 자는 해당 동물을 구매자에게 직접 전달하거나 제9조제1항을 준수하는 동물 운송업자를 통하여 배송하여야 한다.

제10조(동물의 도살방법)

① 모든 동물은 혐오감을 주거나 잔인한 방법으로 도살되어서는 아니 되며, 도살과정에 불필요한 고통이나 공포, 스트레스를 주어서는 아니 된다.

②「축산물위생관리법」또는「가축전염병예방법」에 따라 동물을 죽이는 경우에는 가스법·전살법(電殺法) 등 농림축산식품부령으로 정하는 방법을 이용하여 고통을 최소화하여야 하며, 반드시 의식이 없는 상태에서 다음 도살 단계로 넘어가야 한다. 매몰을 하는 경우에도 또한 같다.

③ 제1항 및 제2항의 경우 외에도 동물을 불가피하게 죽여야 하는 경우에는 고통을 최소화할 수 있는 방법에 따라야 한다.

제11조(동물의 수술)

거세, 뿔 없애기, 꼬리 자르기 등 동물에 대한 외과적 수술을 하는 사람은 수의학적 방법에 따라야 한다.

제12조(등록대상동물의 등록 등)

① 등록대상동물의 소유자는 동물의 보호와 유실·유기방지 등을 위하여 시장·군수·구청장(자치구의 구청장을 말한다. 이하 같다)·특별자치시장(이하 "시장·군수·구청장"이라 한다)에게 등록대상동물을 등록하여야 한다. 다만, 등록대상동물이 맹견이 아닌 경우로서 농림축산식품부령으로 정하는 바에 따라 시·도의 조례로 정하는 지역에서는 그러하지 아니하다.

② 제1항에 따라 등록된 등록대상동물의 소유자는 다음 각 호의 어느 하나에 해당하는 경우에는 해당 각 호의 구분에 따른 기간에 시장·군수·구청장에게 신고하여야 한다.

    1. 등록대상동물을 잃어버린 경우에는 등록대상동물을 잃어버린 날부터 10일 이내

    2. 등록대상동물에 대하여 농림축산식품부령으로 정하는 사항이 변경된 경우에는 변경 사유 발생일부터 30일 이내

③ 제1항에 따른 등록대상동물의 소유권을 이전받은 자 중 제1항에 따른 등록을 실시하는 지역에 거주하는 자는 그 사실을 소유권을 이전받은 날부터 30일 이내에 자신의 주소지를 관할하는 시장·군수·구청장에게 신고하여야 한다.

④ 시장·군수·구청장은 농림축산식품부령으로 정하는 자(이하 이 조에서 "동물등록대행자"라 한다)로 하여금 제1항부터 제3항까지의 규정에 따른 업무를 대행하게 할 수 있다. 이 경우 그에 따른 수수료를 지급할 수 있다.

⑤ 등록대상동물의 등록 사항 및 방법·절차, 변경신고 절차, 동물등록대행자 준수사항 등에 관한 사항은 농림축산식품부령으로 정하며, 그 밖에 등록에 필요한 사항은 시·도의 조례로 정한다.

제13조(등록대상동물의 관리 등)

① 소유자등은 등록대상동물을 기르는 곳에서 벗어나게 하는 경우에는 소유자등의 연락처 등 농림축산식품부령으로 정하는 사항을 표시한 인식표를 등록대상동물에게 부착하여야 한다.
② 소유자등은 등록대상동물을 동반하고 외출할 때에는 농림축산식품부령으로 정하는 바에 따라 목줄 등 안전조치를 하여야 하며, 배설물(소변의 경우에는 공동주택의 엘리베이터ㆍ계단 등 건물 내부의 공용공간 및 평상ㆍ의자 등 사람이 눕거나 앉을 수 있는 기구 위의 것으로 한정한다)이 생겼을 때에는 즉시 수거하여야 한다.
③ 시ㆍ도지사는 등록대상동물의 유실ㆍ유기 또는 공중위생상의 위해 방지를 위하여 필요할 때에는 시ㆍ도의 조례로 정하는 바에 따라 소유자등으로 하여금 등록대상동물에 대하여 예방접종을 하게 하거나 특정 지역 또는 장소에서의 사육 또는 출입을 제한하게 하는 등 필요한 조치를 할 수 있다.

제14조(동물의 구조ㆍ보호)
① 시ㆍ도지사(특별자치시장은 제외한다. 이하 이 조, 제15조, 제17조부터 제19조까지, 제21조, 제29조, 제38조의2, 제39조부터 제41조까지, 제41조의2, 제43조, 제45조 및 제47조에서 같다)와 시장ㆍ군수ㆍ구청장은 다음 각 호의 어느 하나에 해당하는 동물을 발견한 때에는 그 동물을 구조하여 제7조에 따라 치료ㆍ보호에 필요한 조치(이하 "보호조치"라 한다)를 하여야 하며, 제2호 및 제3호에 해당하는 동물은 학대 재발 방지를 위하여 학대행위자로부터 격리하여야 한다. 다만, 제1호에 해당하는 동물 중 농림축산식품부령으로 정하는 동물은 구조ㆍ보호조치의 대상에서 제외한다.
　1. 유실ㆍ유기동물
　2. 피학대 동물 중 소유자를 알 수 없는 동물
　3. 소유자로부터 제8조제2항에 따른 학대를 받아 적정하게 치료ㆍ보호받을 수 없다고 판단되는 동물
② 시ㆍ도지사와 시장ㆍ군수ㆍ구청장이 제1항제1호 및 제2호에 해당하는 동물에 대하여 보호조치 중인 경우에는 그 동물의 등록 여부를 확인하여야 하고, 등록된 동물인 경우에는 지체 없이 동물의 소유자에게 보호조치 중인 사실을 통보하여야 한다.
③ 시ㆍ도지사와 시장ㆍ군수ㆍ구청장이 제1항제3호에 따른 동물을 보호할 때에는 농림축산식품부령으로 정하는 바에 따라 기간을 정하여 해당 동물에 대한 보호조치를 하여야 한다.
④ 시ㆍ도지사와 시장ㆍ군수ㆍ구청장은 제1항 각 호 외의 부분 단서에 해당하는 동물에 대하여도 보호ㆍ관리를 위하여 필요한 조치를 취할 수 있다.

제15조(동물보호센터의 설치ㆍ지정 등)
① 시ㆍ도지사와 시장ㆍ군수ㆍ구청장은 제14조에 따른 동물의 구조ㆍ보호조치 등을 위하여 농림축산식품부령으로 정하는 기준에 맞는 동물보호센터를 설치ㆍ운영할 수 있다.
② 시ㆍ도지사와 시장ㆍ군수ㆍ구청장은 제1항에 따른 동물보호센터를 직접 설치ㆍ운영하도록 노력하여야 한다.

③ 농림축산식품부장관은 제1항에 따라 시·도지사 또는 시장·군수·구청장이 설치·운영하는 동물보호센터의 설치·운영에 드는 비용의 전부 또는 일부를 지원할 수 있다.

④ 시·도지사 또는 시장·군수·구청장은 농림축산식품부령으로 정하는 기준에 맞는 기관이나 단체를 동물보호센터로 지정하여 제14조에 따른 동물의 구조·보호조치 등을 하게 할 수 있다.

⑤ 제4항에 따른 동물보호센터로 지정받으려는 자는 농림축산식품부령으로 정하는 바에 따라 시·도지사 또는 시장·군수·구청장에게 신청하여야 한다.

⑥ 시·도지사 또는 시장·군수·구청장은 제4항에 따른 동물보호센터에 동물의 구조·보호조치 등에 드는 비용(이하 "보호비용"이라 한다)의 전부 또는 일부를 지원할 수 있으며, 보호비용의 지급절차와 그 밖에 필요한 사항은 농림축산식품부령으로 정한다.

⑦ 시·도지사 또는 시장·군수·구청장은 제4항에 따라 지정된 동물보호센터가 다음 각 호의 어느 하나에 해당하는 경우에는 그 지정을 취소할 수 있다. 다만, 제1호에 해당하는 경우에는 지정을 취소하여야 한다.

  1. 거짓이나 그 밖의 부정한 방법으로 지정을 받은 경우

  2. 제4항에 따른 지정기준에 맞지 아니하게 된 경우

  3. 제6항에 따른 보호비용을 거짓으로 청구한 경우

  4. 제8조제1항부터 제3항까지의 규정을 위반한 경우

  5. 제22조를 위반한 경우

  6. 제39조제1항제3호의 시정명령을 위반한 경우

  7. 특별한 사유 없이 유실·유기동물 및 피학대 동물에 대한 보호조치를 3회 이상 거부한 경우

  8. 보호 중인 동물을 영리를 목적으로 분양하는 경우

⑧ 시·도지사 또는 시장·군수·구청장은 제7항에 따라 지정이 취소된 기관이나 단체를 지정이 취소된 날부터 1년 이내에는 다시 동물보호센터로 지정하여서는 아니 된다. 다만, 제7항제4호에 따라 지정이 취소된 기관이나 단체는 지정이 취소된 날부터 2년 이내에는 다시 동물보호센터로 지정하여서는 아니 된다.

⑨ 동물보호센터 운영의 공정성과 투명성을 확보하기 위하여 농림축산식품부령으로 정하는 일정규모 이상의 동물보호센터는 농림축산식품부령으로 정하는 바에 따라 운영위원회를 구성·운영하여야 한다.

⑩ 제1항 및 제4항에 따른 동물보호센터의 준수사항 등에 관한 사항은 농림축산식품부령으로 정하고, 지정절차 및 보호조치의 구체적인 내용 등 그 밖에 필요한 사항은 시·도의 조례로 정한다.

제16조(신고 등)

① 누구든지 다음 각 호의 어느 하나에 해당하는 동물을 발견한 때에는 관할 지방자치단체의 장 또는 동물보호센터에 신고할 수 있다.

  1. 제8조에서 금지한 학대를 받는 동물

  2. 유실·유기동물

② 다음 각 호의 어느 하나에 해당하는 자가 그 직무상 제1항에 따른 동물을 발견한 때에는 지체 없이 관할 지방자치단체의 장 또는 동물보호센터에 신고하여야 한다.

    1. 제4조제4항에 따른 민간단체의 임원 및 회원

    2. 제15조제1항에 따라 설치되거나 같은 조 제4항에 따라 동물보호센터로 지정된 기관이나 단체의 장 및 그 종사자

    3. 제25조제1항에 따라 동물실험윤리위원회를 설치한 동물실험시행기관의 장 및 그 종사자

    4. 제27조제2항에 따른 동물실험윤리위원회의 위원

    5. 제29조제1항에 따라 동물복지축산농장으로 인증을 받은 자

    6. 제33조제1항에 따라 영업등록을 하거나 제34조제1항에 따라 영업허가를 받은 자 및 그 종사자

    7. 수의사, 동물병원의 장 및 그 종사자

③ 신고인의 신분은 보장되어야 하며 그 의사에 반하여 신원이 노출되어서는 아니 된다.

제17조(공고)
시ㆍ도지사와 시장ㆍ군수ㆍ구청장은 제14조제1항제1호 및 제2호에 따른 동물을 보호하고 있는 경우에는 소유자등이 보호조치 사실을 알 수 있도록 대통령령으로 정하는 바에 따라 지체 없이 7일 이상 그 사실을 공고하여야 한다.

제18조(동물의 반환 등)
① 시ㆍ도지사와 시장ㆍ군수ㆍ구청장은 다음 각 호의 어느 하나에 해당하는 사유가 발생한 경우에는 제14조에 해당하는 동물을 그 동물의 소유자에게 반환하여야 한다.

    1. 제14조제1항제1호 및 제2호에 해당하는 동물이 보호조치 중에 있고, 소유자가 그 동물에 대하여 반환을 요구하는 경우

    2. 제14조제3항에 따른 보호기간이 지난 후, 보호조치 중인 제14조제1항제3호의 동물에 대하여 소유자가 제19조제2항에 따라 보호비용을 부담하고 반환을 요구하는 경우

② 시ㆍ도지사와 시장ㆍ군수ㆍ구청장은 제1항제2호에 해당하는 동물의 반환과 관련하여 동물의 소유자에게 보호기간, 보호비용 납부기한 및 면제 등에 관한 사항을 알려야 한다.

제19조(보호비용의 부담)
① 시ㆍ도지사와 시장ㆍ군수ㆍ구청장은 제14조제1항제1호 및 제2호에 해당하는 동물의 보호비용을 소유자 또는 제21조제1항에 따라 분양을 받는 자에게 청구할 수 있다.

② 제14조제1항제3호에 해당하는 동물의 보호비용은 농림축산식품부령으로 정하는 바에 따라 납부기한까지 그 동물의 소유자가 내야 한다. 이 경우 시ㆍ도지사와 시장ㆍ군수ㆍ구청장은 동물의 소유자가 제20조제2호에 따라 그 동물의 소유권을 포기한 경우에는 보호비용의 전부 또는 일부를 면제할 수 있다.

③ 제1항 및 제2항에 따른 보호비용의 징수에 관한 사항은 대통령령으로 정하고, 보호비용의 산정

기준에 관한 사항은 농림축산식품부령으로 정하는 범위에서 해당 시·도의 조례로 정한다.

제20조(동물의 소유권 취득)
시·도와 시·군·구가 동물의 소유권을 취득할 수 있는 경우는 다음 각 호와 같다.
1.「유실물법」제12조 및 「민법」제253조에도 불구하고 제17조에 따라 공고한 날부터 10일이
지나도 동물의 소유자등을 알 수 없는 경우
2. 제14조제1항제3호에 해당하는 동물의 소유자가 그 동물의 소유권을 포기한 경우
3. 제14조제1항제3호에 해당하는 동물의 소유자가 제19조제2항에 따른 보호비용의 납부기한이
종료된 날부터 10일이 지나도 보호비용을 납부하지 아니한 경우
4. 동물의 소유자를 확인한 날부터 10일이 지나도 정당한 사유 없이 동물의 소유자와 연락이 되지
아니하거나 소유자가 반환받을 의사를 표시하지 아니한 경우

제21조(동물의 분양·기증)
① 시·도지사와 시장·군수·구청장은 제20조에 따라 소유권을 취득한 동물이 적정하게
사육·관리될 수 있도록 시·도의 조례로 정하는 바에 따라 동물원, 동물을 애호하는 자(시·도의
조례로 정하는 자격요건을 갖춘 자로 한정한다)나 대통령령으로 정하는 민간단체 등에 기증하거나
분양할 수 있다.
② 시·도지사와 시장·군수·구청장은 제20조에 따라 소유권을 취득한 동물에 대하여는 제1항에
따라 분양될 수 있도록 공고할 수 있다.
③ 제1항에 따른 기증·분양의 요건 및 절차 등 그 밖에 필요한 사항은 시·도의 조례로 정한다.

제22조(동물의 인도적인 처리 등)
① 제15조제1항 및 제4항에 따른 동물보호센터의 장 및 운영자는 제14조제1항에 따라 보호조치
중인 동물에게 질병 등 농림축산식품부령으로 정하는 사유가 있는 경우에는 농림축산식품부장관이
정하는 바에 따라 인도적인 방법으로 처리하여야 한다.
② 제1항에 따른 인도적인 방법에 따른 처리는 수의사에 의하여 시행되어야 한다.
③ 동물보호센터의 장은 제1항에 따라 동물의 사체가 발생한 경우 「폐기물관리법」에 따라
처리하거나 제33조에 따라 동물장묘업의 등록을 한 자가 설치·운영하는 동물장묘시설에서
처리하여야 한다.

제23조(동물실험의 원칙)
① 동물실험은 인류의 복지 증진과 동물 생명의 존엄성을 고려하여 실시하여야 한다.
② 동물실험을 하려는 경우에는 이를 대체할 수 있는 방법을 우선적으로 고려하여야 한다.
③ 동물실험은 실험에 사용하는 동물(이하 "실험동물"이라 한다)의 윤리적 취급과 과학적 사용에
관한 지식과 경험을 보유한 자가 시행하여야 하며 필요한 최소한의 동물을 사용하여야 한다.

④ 실험동물의 고통이 수반되는 실험은 감각능력이 낮은 동물을 사용하고 진통·진정·마취제의 사용 등 수의학적 방법에 따라 고통을 덜어주기 위한 적절한 조치를 하여야 한다.

⑤ 동물실험을 한 자는 그 실험이 끝난 후 지체 없이 해당 동물을 검사하여야 하며, 검사 결과 정상적으로 회복한 동물은 분양하거나 기증할 수 있다.

⑥ 제5항에 따른 검사 결과 해당 동물이 회복할 수 없거나 지속적으로 고통을 받으며 살아야 할 것으로 인정되는 경우에는 신속하게 고통을 주지 아니하는 방법으로 처리하여야 한다.

⑦ 제1항부터 제6항까지에서 규정한 사항 외에 동물실험의 원칙에 관하여 필요한 사항은 농림축산식품부장관이 정하여 고시한다.

제24조(동물실험의 금지 등)

누구든지 다음 각 호의 동물실험을 하여서는 아니 된다. 다만, 해당 동물종(種)의 건강, 질병관리연구 등 농림축산식품부령으로 정하는 불가피한 사유로 농림축산식품부령으로 정하는 바에 따라 승인을 받은 경우에는 그러하지 아니하다.

1. 유실·유기동물(보호조치 중인 동물을 포함한다)을 대상으로 하는 실험

2. 「장애인복지법」 제40조에 따른 장애인 보조견 등 사람이나 국가를 위하여 봉사하고 있거나 봉사한 동물로서 대통령령으로 정하는 동물을 대상으로 하는 실험

제25조(동물실험윤리위원회의 설치 등)

① 동물실험시행기관의 장은 실험동물의 보호와 윤리적인 취급을 위하여 제27조에 따라 동물실험윤리위원회(이하 "윤리위원회"라 한다)를 설치·운영하여야 한다. 다만, 동물실험시행기관에 「실험동물에 관한 법률」 제7조에 따른 실험동물운영위원회가 설치되어 있고, 그 위원회의 구성이 제27조제2항부터 제4항까지에 규정된 요건을 충족할 경우에는 해당 위원회를 윤리위원회로 본다.

② 농림축산식품부령으로 정하는 일정 기준 이하의 동물실험시행기관은 다른 동물실험시행기관과 공동으로 농림축산식품부령으로 정하는 바에 따라 윤리위원회를 설치·운영할 수 있다.

③ 동물실험시행기관의 장은 동물실험을 하려면 윤리위원회의 심의를 거쳐야 한다.

제26조(윤리위원회의 기능 등)

① 윤리위원회는 다음 각 호의 기능을 수행한다.

  1. 동물실험에 대한 심의

  2. 동물실험이 제23조의 원칙에 맞게 시행되도록 지도·감독

  3. 동물실험시행기관의 장에게 실험동물의 보호와 윤리적인 취급을 위하여 필요한 조치 요구

② 윤리위원회의 심의대상인 동물실험에 관여하고 있는 위원은 해당 동물실험에 관한 심의에 참여하여서는 아니 된다.

③ 윤리위원회의 위원은 그 직무를 수행하면서 알게 된 비밀을 누설하거나 도용하여서는 아니 된다.

④ 제1항에 따른 지도·감독의 방법과 그 밖에 윤리위원회의 운영 등에 관한 사항은 대통령령으로 정한다.

제27조(윤리위원회의 구성)
① 윤리위원회는 위원장 1명을 포함하여 3명 이상 15명 이하의 위원으로 구성한다.
② 위원은 다음 각 호에 해당하는 사람 중에서 동물실험시행기관의 장이 위촉하며, 위원장은 위원 중에서 호선(互選)한다. 다만, 제25조제2항에 따라 구성된 윤리위원회의 위원은 해당 동물실험시행기관의 장들이 공동으로 위촉한다.
  1. 수의사로서 농림축산식품부령으로 정하는 자격기준에 맞는 사람
  2. 제4조제4항에 따른 민간단체가 추천하는 동물보호에 관한 학식과 경험이 풍부한 사람으로서 농림축산식품부령으로 정하는 자격기준에 맞는 사람
  3. 그 밖에 실험동물의 보호와 윤리적인 취급을 도모하기 위하여 필요한 사람으로서 농림축산식품부령으로 정하는 사람
③ 윤리위원회에는 제2항제1호 및 제2호에 해당하는 위원을 각각 1명 이상 포함하여야 한다.
④ 윤리위원회를 구성하는 위원의 3분의 1 이상은 해당 동물실험시행기관과 이해관계가 없는 사람이어야 한다.
⑤ 위원의 임기는 2년으로 한다.
⑥ 그 밖에 윤리위원회의 구성 및 이해관계의 범위 등에 관한 사항은 농림축산식품부령으로 정한다.

제29조(동물복지축산농장의 인증)
① 농림축산식품부장관은 동물복지 증진에 이바지하기 위하여 「축산물위생관리법」 제2조제1호에 따른 가축으로서 농림축산식품부령으로 정하는 동물이 본래의 습성 등을 유지하면서 정상적으로 살 수 있도록 관리하는 축산농장을 동물복지축산농장으로 인증할 수 있다.
② 제1항에 따라 인증을 받으려는 자는 농림축산식품부령으로 정하는 바에 따라 농림축산식품부장관에게 신청하여야 한다.
③ 농림축산식품부장관은 동물복지축산농장으로 인증된 축산농장에 대하여 다음 각 호의 지원을 할 수 있다.
  1. 동물의 보호 및 복지 증진을 위하여 축사시설 개선에 필요한 비용
  2. 동물복지축산농장의 환경개선 및 경영에 관한 지도·상담 및 교육
④ 농림축산식품부장관은 동물복지축산농장으로 인증을 받은 자가 거짓이나 그 밖의 부정한 방법으로 인증을 받은 경우 그 인증을 취소하여야 하고, 제7항에 따른 인증기준에 맞지 아니하게 된 경우 그 인증을 취소할 수 있다.
⑤ 제4항에 따라 인증이 취소된 자(법인인 경우에는 그 대표자를 포함한다)는 그 인증이 취소된 날부터 1년 이내에는 제1항에 따른 동물복지축산농장 인증을 신청할 수 없다.
⑥ 농림축산식품부장관, 시·도지사, 시장·군수·구청장, 「축산자조금의 조성 및 운용에 관한

법률」 제2조제3호에 따른 축산단체, 제4조제4항에 따른 민간단체는 동물복지축산농장의
운영사례를 교육 · 홍보에 적극 활용하여야 한다.
⑦ 제1항부터 제6항까지에서 규정한 사항 외에 동물복지축산농장의 인증 기준 · 절차 및 인증농장의
표시 등에 관한 사항은 농림축산식품부령으로 정한다.

제30조(부정행위의 금지)
누구든지 다음 각 호에 해당하는 행위를 하여서는 아니 된다.
1. 거짓이나 그 밖의 부정한 방법으로 동물복지축산농장 인증을 받은 행위
2. 제29조에 따른 인증을 받지 아니한 축산농장을 동물복지축산농장으로 표시하는 행위

제31조(인증의 승계)
① 다음 각 호의 어느 하나에 해당하는 자는 동물복지축산농장 인증을 받은 자의 지위를 승계한다.
   1. 동물복지축산농장 인증을 받은 사람이 사망한 경우 그 농장을 계속하여 운영하려는 상속인
   2. 동물복지축산농장 인증을 받은 사람이 그 사업을 양도한 경우 그 양수인
   3. 동물복지축산농장 인증을 받은 법인이 합병한 경우 합병 후 존속하는 법인이나 합병으로
   설립되는 법인
② 제1항에 따라 동물복지축산농장 인증을 받은 자의 지위를 승계한 자는 30일 이내에
농림축산식품부장관에게 신고하여야 하다.
③ 제2항에 따른 신고에 필요한 사항은 농림축산식품부령으로 정한다.

제32조(영업의 종류 및 시설기준 등)
① 반려동물과 관련된 다음 각 호의 영업을 하려는 자는 농림축산식품부령으로 정하는 기준에 맞는
시설과 인력을 갖추어야 한다.
1. 동물장묘업(動物葬墓業), 2. 동물판매업, 3. 동물수입업, 4. 동물생산업, 5. 동물전시업, 6.
동물위탁관리업, 7. 동물미용업, 8. 동물운송업
② 제1항 각 호에 따른 영업의 세부 범위는 농림축산식품부령으로 정한다.

제33조(영업의 등록)
① 제32조제1항제1호부터 제3호까지 및 제5호부터 제8호까지의 규정에 따른 영업을 하려는 자는
농림축산식품부령으로 정하는 바에 따라 시장 · 군수 · 구청장에게 등록하여야 한다.
② 제1항에 따라 등록을 한 자는 농림축산식품부령으로 정하는 사항을 변경하거나 폐업 · 휴업 또는
그 영업을 재개하려는 경우에는 미리 농림축산식품부령으로 정하는 바에 따라
시장 · 군수 · 구청장에게 신고를 하여야 한다.
③ 시장 · 군수 · 구청장은 제2항에 따른 변경신고를 받은 경우 그 내용을 검토하여 이 법에 적합하면
신고를 수리하여야 한다.

④ 다음 각 호의 어느 하나에 해당하는 경우에는 제1항에 따른 등록을 할 수 없다. 다만, 제5호는 제32조제1항제1호에 따른 영업에만 적용한다.

1. 등록을 하려는 자(법인인 경우에는 임원을 포함한다. 이하 이 조에서 같다)가 미성년자, 피한정후견인 또는 피성년후견인인 경우

2. 제32조제1항 각 호 외의 부분에 따른 시설 및 인력의 기준에 맞지 아니한 경우

3. 제38조제1항에 따라 등록이 취소된 후 1년이 지나지 아니한 자(법인인 경우에는 그 대표자를 포함한다)가 취소된 업종과 같은 업종을 등록하려는 경우

4. 등록을 하려는 자가 이 법을 위반하여 벌금형 이상의 형을 선고받고 그 형이 확정된 날부터 3년이 지나지 아니한 경우. 다만, 제8조를 위반하여 벌금형 이상의 형을 선고받은 경우에는 그 형이 확정된 날부터 5년으로 한다.

5. 다음 각 목의 어느 하나에 해당하는 지역에 동물장묘시설을 설치하려는 경우

　가.「장사 등에 관한 법률」제17조에 해당하는 지역

　나. 20호 이상의 인가밀집지역, 학교, 그 밖에 공중이 수시로 집합하는 시설 또는 장소로부터 300미터 이하 떨어진 곳. 다만, 토지나 지형의 상황으로 보아 해당 시설의 기능이나 이용 등에 지장이 없는 경우로서 시장·군수·구청장이 인정하는 경우에는 적용을 제외한다.

제34조(영업의 허가)

① 제32조제1항제4호에 규정된 영업을 하려는 자는 농림축산식품부령으로 정하는 바에 따라 시장·군수·구청장에게 허가를 받아야 한다.

② 제1항에 따라 허가를 받은 자가 농림축산식품부령으로 정하는 사항을 변경하거나 폐업·휴업 또는 그 영업을 재개하려면 미리 농림축산식품부령으로 정하는 바에 따라 시장·군수·구청장에게 신고를 하여야 한다.

③ 시장·군수·구청장은 제2항에 따른 변경신고를 받은 경우 그 내용을 검토하여 이 법에 적합하면 신고를 수리하여야 한다.

④ 다음 각 호의 어느 하나에 해당하는 경우에는 제1항에 따른 허가를 받을 수 없다.

1. 허가를 받으려는 자(법인인 경우에는 임원을 포함한다. 이하 이 조에서 같다)가 미성년자, 피한정후견인 또는 피성년후견인인 경우

2. 제32조제1항 각 호 외의 부분에 따른 시설과 인력을 갖추지 아니한 경우

3. 제37조제1항에 따른 교육을 받지 아니한 경우

4. 제38조제1항에 따라 허가가 취소된 후 1년이 지나지 아니한 자(법인인 경우에는 그 대표자를 포함한다)가 취소된 업종과 같은 업종의 허가를 받으려는 경우

5. 허가를 받으려는 자가 이 법을 위반하여 벌금형 이상의 형을 선고받고 그 형이 확정된 날부터 3년이 지나지 아니한 경우. 다만, 제8조를 위반하여 벌금형 이상의 형을 선고받은 경우에는 그 형이 확정된 날부터 5년으로 한다.

제35조(영업의 승계)

① 제33조제1항에 따라 영업등록을 하거나 제34조제1항에 따라 영업허가를 받은 자(이하 "영업자"라 한다)가 그 영업을 양도하거나 사망하였을 때 또는 법인의 합병이 있을 때에는 그 양수인·상속인 또는 합병 후 존속하는 법인이나 합병으로 설립되는 법인(이하 "양수인등"이라 한다)은 그 영업자의 지위를 승계한다.

② 다음 각 호의 어느 하나에 해당하는 절차에 따라 영업시설의 전부를 인수한 자는 그 영업자의 지위를 승계한다.

　　1.「민사집행법」에 따른 경매

　　2.「채무자 회생 및 파산에 관한 법률」에 따른 환가(換價)

　　3.「국세징수법」·「관세법」 또는 「지방세법」에 따른 압류재산의 매각

　　4. 제1호부터 제3호까지의 규정 중 어느 하나에 준하는 절차

③ 제1항 또는 제2항에 따라 영업자의 지위를 승계한 자는 승계한 날부터 30일 이내에 농림축산식품부령으로 정하는 바에 따라 시장·군수·구청장에게 신고하여야 한다.

④ 제1항 및 제2항에 따른 승계에 관하여는 제33조제4항 및 제34조제4항을 준용하되, 제33조제4항 중 "등록"과 제34조제4항 중 "허가"는 "신고"로 본다. 다만, 상속인이 제33조제4항제1호 또는 제34조제4항제1호에 해당하는 경우에는 상속을 받은 날부터 3개월 동안은 그러하지 아니하다.

제36조(영업자 등의 준수사항)

① 영업자(법인인 경우에는 그 대표자를 포함한다)와 그 종사자는 다음 각 호에 관하여 농림축산식품부령으로 정하는 사항을 지켜야 한다.

　　1. 동물의 사육·관리에 관한 사항

　　2. 동물의 생산등록, 동물의 반입·반출 기록의 작성·보관에 관한 사항

　　3. 동물의 판매가능 월령, 건강상태 등 판매에 관한 사항

　　4. 동물 사체의 적정한 처리에 관한 사항

　　5. 영업시설 운영기준에 관한 사항

　　6. 영업 종사자의 교육에 관한 사항

　　7. 등록대상동물의 등록 및 변경신고의무(등록·변경신고방법 및 위반 시 처벌에 관한 사항 등을 포함한다) 고지에 관한 사항

　　8. 그 밖에 동물의 보호와 공중위생상의 위해 방지를 위하여 필요한 사항

② 제32조제1항제2호에 따른 동물판매업을 하는 자(이하 "동물판매업자"라 한다)는 영업자를 제외한 구매자에게 등록대상동물을 판매하는 경우 그 구매자의 명의로 제12조제1항에 따른 등록대상동물의 등록 신청을 한 후 판매하여야 한다.

③ 동물판매업자는 제12조제5항에 따른 등록 방법 중 구매자가 원하는 방법으로 제2항에 따른 등록대상동물의 등록 신청을 하여야 한다.

제37조(교육)

① 제32조제1항제2호부터 제8호까지의 규정에 해당하는 영업을 하려는 자와 제38조에 따른 영업정지 처분을 받은 영업자는 동물의 보호 및 공중위생상의 위해 방지 등에 관한 교육을 받아야 한다.

② 제32조제1항제2호부터 제8호까지의 규정에 해당하는 영업을 하는 자는 연 1회 이상 교육을 받아야 한다.

③ 제1항에 따라 교육을 받아야 하는 영업자로서 교육을 받지 아니한 영업자는 그 영업을 하여서는 아니 된다.

④ 제1항에 따라 교육을 받아야 하는 영업자가 영업에 직접 종사하지 아니하거나 두 곳 이상의 장소에서 영업을 하는 경우에는 종사자 중에서 책임자를 지정하여 영업자 대신 교육을 받게 할 수 있다.

⑤ 제1항에 따른 교육의 실시기관, 교육 내용 및 방법 등에 관한 사항은 농림축산식품부령으로 정한다.

제38조(등록 또는 허가 취소 등)

① 시장·군수·구청장은 영업자가 다음 각 호의 어느 하나에 해당할 경우에는 농림축산식품부령으로 정하는 바에 따라 그 등록 또는 허가를 취소하거나 6개월 이내의 기간을 정하여 그 영업의 전부 또는 일부의 정지를 명할 수 있다. 다만, 제1호에 해당하는 경우에는 등록 또는 허가를 취소하여야 한다.

　1. 거짓이나 그 밖의 부정한 방법으로 등록을 하거나 허가를 받은 것이 판명된 경우

　2. 제8조제1항부터 제3항까지의 규정을 위반하여 동물에 대한 학대행위 등을 한 경우

　3. 등록 또는 허가를 받은 날부터 1년이 지나도 영업을 시작하지 아니한 경우

　4. 제32조제1항 각 호 외의 부분에 따른 기준에 미치지 못하게 된 경우

　5. 제33조제2항 및 제34조제2항에 따라 변경신고를 하지 아니한 경우

　6. 제36조에 따른 준수사항을 지키지 아니한 경우

② 제1항에 따른 처분의 효과는 그 처분기간이 만료된 날부터 1년간 양수인등에게 승계되며, 처분의 절차가 진행 중일 때에는 양수인등에 대하여 처분의 절차를 행할 수 있다. 다만, 양수인등이 양수·상속 또는 합병 시에 그 처분 또는 위반사실을 알지 못하였음을 증명하는 경우에는 그러하지 아니하다.

제40조(동물보호감시원)

① 농림축산식품부장관(대통령령으로 정하는 소속 기관의 장을 포함한다), 시·도지사 및 시장·군수·구청장은 동물의 학대 방지 등 동물보호에 관한 사무를 처리하기 위하여 소속 공무원 중에서 동물보호감시원을 지정하여야 한다.

② 제1항에 따른 동물보호감시원(이하 "동물보호감시원"이라 한다)의 자격, 임명, 직무 범위 등에

관한 사항은 대통령령으로 정한다.

③ 동물보호감시원이 제2항에 따른 직무를 수행할 때에는 농림축산식품부령으로 정하는 증표를 지니고 이를 관계인에게 보여주어야 한다.

④ 누구든지 동물의 특성에 따른 출산, 질병 치료 등 부득이한 사유가 없으면 제2항에 따른 동물보호감시원의 직무 수행을 거부·방해 또는 기피하여서는 아니 된다.

제41조(동물보호명예감시원)

① 농림축산식품부장관, 시·도지사 및 시장·군수·구청장은 동물의 학대 방지 등 동물보호를 위한 지도·계몽 등을 위하여 동물보호명예감시원을 위촉할 수 있다.

② 제1항에 따른 동물보호명예감시원(이하 "명예감시원"이라 한다)의 자격, 위촉, 해촉, 직무, 활동 범위와 수당의 지급 등에 관한 사항은 대통령령으로 정한다.

③ 명예감시원은 제2항에 따른 직무를 수행할 때에는 부정한 행위를 하거나 권한을 남용하여서는 아니 된다.

④ 명예감시원이 그 직무를 수행하는 경우에는 신분을 표시하는 증표를 지니고 이를 관계인에게 보여주어야 한다.

장애인 보조견 전문훈련기관의 시설 기준

〈목적〉

이 고시는 장애인 보조견 전문훈련기관(이하 '전문훈련기관'이라
한다)의 시설기준에 관한 기본적 사항을 규정하여 장애인 보조견
표지를 발급할 수 있는 장애인 보조견(이하 '보조견'이라 한다)에
대한 전문적 훈련 및 적정 보급을 도모함으로써 장애인의
복지증진 및 사회활동 참여증진에 기여함을 목적으로 한다.

〈입지조건〉

전문훈련기관은 보조견의 훈련 및 보조견을 사용할
장애인(이하'보조견 사용자'라 한다)에 대한 교육이 효율적으로
실시될 수 있도록 일반주민의 이해와 주변 환경이 양호한 장소에
설치하여야 한다.

〈시설의 구조 및 설비〉

가. 전문훈련기관은 그 시설을 이용하는 보조견 사용자의
장애특성에 따라 보조견에 대한 훈련을 원활히 수행할 수 있는
적합한 구조와 설비를 갖추어야 한다.

나. 전문훈련기관은 화재경보 · 위생 및 안전을 위한
기본설비와 보조견 사용자의 편의를 위한 장애인 · 노인 ·
임산부등의 편의 증진 보장에 관한 법령에 의한 각종 편의시설을
갖추어야 한다.

다. 전문훈련기관은 견사, 보조견 사용자 교육숙소, 사무실
등을 갖추어야 하며, 그 세부적인 설비기준은 다음과 같다.

■ 견사

견사는 실내시설인 견방 및 사료창고와, 야외시설인 거실 및
방사장(잔디방사장 포함) 등으로 구성한다.

　가) 실내시설

　　1) 견방은 보조견이 잠을 자는 곳으로 바닥 난방 · 소독 ·
　　　청소 · 배수 및 환기 등이 용이하도록 하여 보조견의
　　　건강과 청결을 유지할 수 있는 구조를 갖추며, 한 견방에
　　　4두 이상의 보조견을 동시에 수용하지 않아야 한다.
　　　또한 병의 감염을 방지하기 위하여 격리 견방을 갖출 수
　　　있다.

　　2) 사료창고는 통풍이 잘 되고 서늘하게 유지되어야 하며
　　　사료의 위생적 보관에 필요한 냉장설비를 갖춘다.

　나) 야외시설

　　1) 거실은 보조견이 주로 주간에 생활하는 곳으로서
　　　소독 · 청소 · 배수가 용이한 바닥이어야 한다.

　　2) 방사장은 보조견의 훈련 및 공동생활을 위한
　　　공간으로서 충분한 면적이 확보되어야 하며 소독, 청소,
　　　배수가 용이한 바닥이어야 한다.

　　3) 잔디방사장은 보조견의 자유로운 운동을 위한
　　　녹지공간으로서 충분한 면적이 확보되어야 하며,
　　　안전과 훈련의 효과를 제고하기 위해 주위에 울타리를
　　　설치할 수 있다.

■ 보조견 사용자 교육숙소

보조견 사용자 교육숙소(이하 "사용자숙소" 라 한다)는 보조견
사용자가 훈련된 보조견을 분양받기 위하여 보조견 사용자와
보조견 간의 적응교육을 받는 곳으로서 최소 2인 이상이
동시에 교육을 받을 수 있도록 하고 강의장, 야외교육장 및
숙소 등으로 구성되어야 한다.

가) 강의장은 보조견을 동반하여 교육을 받을 수 있도록 한다.

나) 야외교육장은 보조견 관리요령, 보행법 등을 교육하는
장소로서 사용자숙소와 구분하여 인접지역에 설치하여야
한다.

다) 숙소는 냉난방 설비를 갖추어야 하고, 면적은 1인당
3.3제곱미터이상으로 하며 보조견과 함께 지낼 수 있도록
한다.

■ 사무실

사무실은 보조견 사용자와 함께 생활하는 보조견 및 훈련 중인
보조견에 대한 방역 등을 용이하게 하기 위하여 견사와 숙소
중간에 위치하도록 설치할 수 있으며, 사무를 위한 사무집기와
기타 필요한 설비를 갖추어야 한다.

■ 기타 시설

가) 보조견의 위생 · 건강검진 및 치료 등을 위하여 진료실을
설치할 수 있다.

나) 보조견의 적정한 관리를 위하여 조리시설, 목욕시설 및
세탁시설을 설치할 수 있다.

〈시설관리 및 운영요원〉

전문훈련기관은 보조견의 훈련에 관한 전문지식 및 기술을
갖춘 조련사를 포함한 시설관리 및 운영요원을 두되, 종사자의
자격기준 및 복무 등에 관한 세부적인 사항은 전문훈련기관이
정하는 운영규정에 따른다.

© Elena

행복한 직업 찾기
나의 직업 애견미용사

초판 1쇄 인쇄 2014년 1월 23일

개정판 1쇄 인쇄 2022년 11월 10일
개정판 1쇄 발행 2022년 11월 20일

글 | 꿈디자인LAB
펴 낸 곳 | 동천출판
사   진 | 사단법인 한국애견협회. shutterstock.

등   록 | 2013년 4월 9일 제319-2013-25호
주   소 | 서울특별시 서초구 효령로 60길 15(서초동, 202호)
전화번호 | (02) 588 - 8485
팩   스 | (02) 583 - 8480
전자우편 | dongcheon35@naver.com

값 18,000원
ISBN   979-11-85488-77-6 (44370)
             979-11-85488-05-9 (세트)

*잘못 만들어진 책은 구입하신 서점에서 바꿔 드립니다.